上海外国语大学教材基金资助

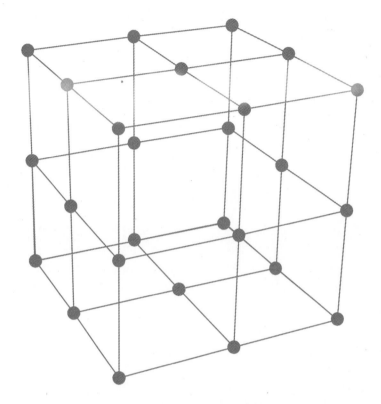

市场微观结构

李路 汤晓燕 编著

图书在版编目(CIP)数据

市场微观结构/李路,汤晓燕编著. —北京:北京大学出版社,2019.10
高等院校经济学管理学系列教材
ISBN 978-7-301-30718-2

Ⅰ.①市… Ⅱ.①李… ②汤… Ⅲ.①金融市场—市场结构—高等学校—教材 Ⅳ.①F830.9

中国版本图书馆 CIP 数据核字(2019)第 186059 号

书　　名	市场微观结构 SHICHANG WEIGUAN JIEGOU
著作责任者	李　路　汤晓燕　编著
责任编辑	吕　正
标准书号	ISBN 978-7-301-30718-2
出版发行	北京大学出版社
地　　址	北京市海淀区成府路 205 号　100871
网　　址	http://www.pup.cn　新浪微博:@北京大学出版社
电子信箱	sdyy_2005@126.com
电　　话	邮购部 010-62752015　发行部 010-62750672　编辑部 021-62071998
印刷者	北京大学印刷厂
经销者	新华书店
	730 毫米×980 毫米　16 开本　9.25 印张　115 千字 2019 年 10 月第 1 版　2019 年 10 月第 1 次印刷
定　　价	38.00 元

未经许可,不得以任何方式复制或抄袭本书之部分或全部内容。
版权所有,侵权必究
举报电话:010-62752024　电子信箱:fd@pup.pku.edu.cn
图书如有印装质量问题,请与出版部联系,电话:010-62756370

目录
Contents

第一章　市场微观结构概述 …………………………………………（1）

第二章　交易机制和原则 ……………………………………………（4）
　第一节　交易所 ……………………………………………………（4）
　第二节　经纪商 ……………………………………………………（6）
　第三节　投资者 ……………………………………………………（6）
　第四节　价格形成 …………………………………………………（9）
　第五节　流动性 ……………………………………………………（10）
　第六节　被动还是主动 ……………………………………………（12）

第三章　限价指令订单簿 ……………………………………………（14）
　第一节　买价和卖价的来源 ………………………………………（14）
　第二节　执行程序 …………………………………………………（15）
　第三节　订单簿上的优先权 ………………………………………（15）
　第四节　买卖双方的相互作用 ……………………………………（16）
　第五节　中国市场的特别之处——三价居中原则 ………………（18）

第四章　分割与集中的市场结构 ……………………………………（22）
　第一节　分割的美国交易场所 ……………………………………（22）

第二节　分割市场的价格形成 …………………………… (23)
　　第三节　优先规则的障碍 ………………………………… (24)
　　第四节　订单保护和 Reg NMS ………………………… (25)
　　第五节　集中的中国交易场所 …………………………… (27)

第五章　做市交易：做市商的市场微观结构 ………………… (28)
　　第一节　交易机制的类型 ………………………………… (28)
　　第二节　做市商行为的理论研究 ………………………… (31)
　　第三节　做市商对市场效率的影响 ……………………… (33)

第六章　"暗池"交易：非透明的市场微观结构 ……………… (36)
　　第一节　"暗池"交易的概念、诞生与发展趋势 ………… (36)
　　第二节　"暗池"交易的理论基础 ………………………… (40)
　　第三节　"暗池"交易对传统交易所流动性的影响 ……… (42)
　　第四节　"暗池"交易对价格的影响 ……………………… (44)
　　第五节　"暗池"交易的发展趋势 ………………………… (47)

第七章　欧盟金融市场结构：《金融工具市场指令》带来的
　　　　　开放与竞争 ………………………………………… (49)
　　第一节　欧盟《金融工具市场指令》(MiFID)基本概况 ……… (49)
　　第二节　修订的欧盟《金融工具市场指令》(MiFID Ⅱ)改变
　　　　　　金融市场竞争格局 ……………………………… (59)

第八章　美国证券市场结构：《全国市场系统规则》带来的市场分割
　　　　　与整合 ……………………………………………… (68)
　　第一节　Reg NMS 的制度背景 ………………………… (68)
　　第二节　Reg NMS 的监管创新 ………………………… (74)

第三节　对 Reg NMS 的评价 …………………………………（77）

第九章　全球衍生品市场结构：可互换性带来的挑战 …………（80）
　　第一节　可互换性的概念 …………………………………………（80）
　　第二节　可互换性与交易所竞争 …………………………………（81）
　　第三节　衍生品市场可互换性之争 ………………………………（83）

第十章　全球清算市场结构：内外之争与市场效率 ……………（88）
　　第一节　传统的清算模式 …………………………………………（89）
　　第二节　可互操作性与新的清算模式——联通清算模式 ……（91）
　　第三节　海外市场监管变革对清算模式的影响 ………………（97）

第十一章　高频交易：正在改变传统的市场微观结构 ………（101）
　　第一节　高频交易的发展历史 …………………………………（101）
　　第二节　高频交易的主要策略 …………………………………（109）
　　第三节　高频交易的案例——"闪电崩盘" …………………（113）
　　第四节　海外市场对高频交易的监管应对 ……………………（117）
　　第五节　中国市场高频交易的监管政策建议 …………………（129）

参考文献 ………………………………………………………………（135）

后记 ……………………………………………………………………（141）

第一章 市场微观结构概述

在现实经济生活中,投资者的很多决策需要依赖金融市场。比如,当投资者计划进行投资或制定对冲策略时,需要依赖金融市场的价格。然后,投资者带着投资策略进入金融市场中,期望可以轻松地完成后续交易。随着投资策略的展开,他也会经常用金融市场来监督投资策略的进展并且修改相关策略。最后,当投资者想要将投资收益变现或不再需要进行套期保值等操作时,就可以轻松卖出手上的金融产品或撤销对冲策略。

在微观经济学课程的供需框架下,市场是完美且无摩擦的。在这样的市场中,每个买方和卖方被视为"原子",因为他们相对于市场而言很渺小,而且每个交易者也知道自己很渺小,他们认为自己所做的任何事情都不会影响市场价格。交易者真实地表达自己的偏好,例如,当他们被问到"价格是多少的时候你会买"时,他们会诚实地回答(不会虚张声势或假装需求较小以获得较低的价格)。于是,所有买家共同定义了市场的需求曲线(当价格较低时买的较多,价格较高时买的较少);而所有卖家共同定义了供给曲线;总需求量等于总供给量时的数量和价格就是均衡的数量和价格。然而,上述达到平衡点的过程原则上是由做市商(中间商)完成的:做市商喊出一个价格,问:"谁愿意以这个价格购买?""谁愿意以这个价格卖出?"然后,做市商会不断地调整价格,直到总供给和总需求达到平衡,市场得以均衡和清算。

金融市场常常被认为是最接近这种理想状态的场所。从某个角度来看,确实如此。金融市场上有成千上万的持有金融产品的投资者和成千上万的潜在买家。然而,实际的情况很有可能跟假设不一样:虽然数以百万计的人持有金融产品,但当他们真正想交易时,可能只有极少数人在参与这个市场;最终,市场参与者可能只有两种:投资者自己和他们的对手方。如此一来,大规模的完美竞争的假设就被打破,价格形成就出现了困难。

关于价格形成机制有两种传统观点。第一种观点认为价格形成与交易机制无关,重要的是均衡价格本身;可以通过求解市场清算价格得出均衡价格,而如何实现市场清算价格并不重要。这种方法隐含的假设是交易机制不会影响均衡。第二种观点认为价格形成是基于虚构的瓦尔拉斯拍卖商,他聚集了交易者的供给和需求以找到市场清算价格;虽然瓦尔拉斯拍卖商提供了一种设想价格设定过程的简单方法,但它并没有捕捉到价格形成的真实过程,例如,市场组织的具体结构可能会影响即时成本和交易价格。因此,在这种观点下市场的交易机制非常重要。

"市场微观结构"这门课程主要介绍交易规则以及它们所形成的经济原理,具体而言,一般把设计和规范交易机制的研究称为市场微观结构。尽管在这门课程中我们会不停地讨论构成交易的股票、债券和期权,但关注的重点并不是它们的特征或用途,而是如何形成交易。市场微观结构是研究在明确的交易规则下交换资产的过程和结果,它分析了具体的交易机制如何影响价格的形成过程,而进入价格形成的"黑匣子"正是理解市场如何分配资源的基础。

从金融学科体系角度而言,资产定价(投资学)、公司财务(公司金融)和市场微观结构组成了金融学的三个基础研究方向。本书专注于市场微观结构领域的基础知识、基本方法和最新发展趋势,特别是金融市场中最新发展起来的高频交易。本书主要覆盖市场的理解,市场微观结构基础知识(流动性、波动性、市场效率、市场组织结构、交易过程分析",高频交易的起源、发展、策略及对金融市场和监管政策的影响,海外金融市场结构的最新发展趋势(欧盟《金融工具市场指令》、美国《全国市场系统规则》、清算竞争格局、可互换性)等内容。学生通过学习,可以理解真实世界中各类金融产品的交易过程,清楚金融市场的价格究竟是如何形成的,人类自身的行为如何影响价格的形成过程,如何将经济学基础理论知识运用到金融市场的实际交易中,加深学生对金融市场的理解。

 思考题

1. 决定金融市场运行的因素有哪些?
2. 交易机制如何影响价格形成过程?
3. 什么是市场微观结构?

第二章 交易机制和原则

本章以美国股票市场(equity market)为例,说明市场交易机制和原则,阐述市场交易的主要特征及其运作机制,而这些原理在全球其他市场也是相似的。

第一节 交 易 所

交易所(exchange)通常由交易场地、连接市场的软件或者交易中介等交易设施构成。交易所将交易过程规范化。当我们提到一只股票是在交易所交易时,意思是这只股票的交易过程是结构化、标准化并且受到监管。现代交易所提供了一系列复杂、多样且令人眼花缭乱的金融产品和服务。但它们的大部分活动和价值都来自于三个方面:上市(listing)、交易(trading)和数据(data)。简单来讲:

(1)当一家公司在一家交易所挂牌上市时,这家交易所提供的是一种服务。该公司支付上市费,交易所监管并且认证公司财务报表和公司治理程序。

(2)交易服务和设施,包括计算机系统、标准化交易程序以及对交易过程一定程度的监督管理。

(3)交易产生市场数据,如交易报告、报价变化等。这些数据对于市场参与者来说都非常有价值,出售这些数据会产生巨大的收入。

第二章　交易机制和原则

一个公司通常只在一个交易所上市，或者至少指定一个场所作为主要交易场所。美国最重要的上市场所是纽约证券交易所、纽约交易所高增长板、美国证券交易所和纳斯达克证券交易所。我们可以通过上市费用和上市要求，也可以通过公众形象、投资者对上市公司类型的看法以及其他方面将这些交易场所区分开来。

例如，纽约证券交易所（有时称为"NYSE classic"，以区分前纽约证券交易所（NYSE）与纽约泛欧交易所（NYSE Euronext）旗下的其他交易所）具有最高的收费标准和最严格的上市标准。它曾是美国历史上占据主导地位的证券交易所，且有规模最大、历史最悠久的工业和金融企业的"蓝筹股"公司。在纽约证券交易所上市的公司需要同时具备足够的资历以及稳定性。而在纳斯达克证券交易所上市的公司往往更年轻、规模更小，而且更专注于技术领域，往往具有创业特质与成长色彩。

直到20世纪末，交易所一直是会员拥有的合作社。成员大多是经纪人和交易员，合作社是作为非营利公司组织起来的。会员资格（有时也称为"席位"）可以转让、继承、买卖。会员权利包括交易所的部分所有权加上交易权利和特权。从1990年开始，交易所开始改组为营利性公司，公开交易股票。在这种新形式下，所有权和交易权分离。这表示拥有交易所的股份并不被授予交易特权，并且投资者可以不拥有任何交易所的股份就进行交易。如今，虽然证券交易所大多仍然说自己是独立运作的，但很多交易所都是大型控股公司所有，而且名称和所有权也发生了很多变化。

第二节 经纪商

投资者不能仅仅通过访问交易所的网站,只提供一个信用卡卡号就进行交易。受法律和实践的影响,交易所需要验证投资者的身份、能力和权利的实质性关系,因此大多数客户通过某个经纪商的账户来间接地建立这种关系。经纪商向投资者传递信息或者代表他们在市场中下单,并通常以这种身份提供与交易直接相关的服务:保管所购证券、现金贷款(用于保证金)、证券贷款(用于卖空)、记录保存和纳税申报等。

经纪商代表客户下订单的过程可能与直接传达客户指令一样简单,例如,"购买100股微软股票"。不过,这种交易权利的转让通常需要经纪商作出某些决定和决策。在更为复杂的层面上,经纪商可能会被投资者当成交易的工具。然而,不管复杂程度如何,经纪商仍然代表投资者,充当着代理人的角色。主要的经纪商为大型投资者和机构投资者提供与交易相关的服务。还有一些较小的经纪商专注于提供与交易相关的服务,它们有时被称为"折扣"或"在线"经纪商,以及提供投资管理和咨询的"全面服务"经纪商。

第三节 投资者

交易源于不同的投资目标、风险敞口和对证券价值的期望。在任何证券价格下,对于投资目标、风险敞口和对证券价值的期望相同的投资者,都会按照相同的方向(买入或卖出)进行交易,而交易是既需要买方又需要卖方的。但买卖双方或者潜在的买卖双方可能在许多方面存在不同。

一、投资期限

我们有时会根据投资期限长短对投资者进行分类。

长期投资者通常包括捐赠基金以及为了退休养老或子女教育而储蓄的个人,他们的投资期限比商业周期长。大多数长期投资者从一个指数化的投资组合开始投资,这种情况下,投资指数型共同基金或交易型开放式指数基金是最简单的。但是由于个人特定的风险敞口或者对一个公司是否正确估值的看法不同,投资者可能会偏离这个投资组合。风险敞口或者估值理念的变化将促使这些投资者重新审视他们的投资组合,并且可能由此形成交易,而交易需求可以分散在几天、几周或几个月内进行。市场中,这些投资者数量最多,并且持有的资产价值最高。然而,他们的换手率很低,交易量也不大。

中期投资者的持股周期与商业周期(3—5 年)大致相同。这些投资者常常从证券的相对估值变化中获利。投资组合的权重通常会随着商业周期的变化而变化,并且这些投资者的投资策略有时会被描述为策略型资产配置(tactical asset allocation)。策略型资产配置可能基于国家、行业、公司的基本面或市场驱动的技术性指标。对于公司而言,基本面信息包括收入、利润等,这些数据与公司的业务活动直接相关;对于国家而言,基本面信息包括消费、投资以及与实体经济活动相关的其他指标。技术性指标通常是市场价格和交易量的统计数据,例如,一个反映近期股价的平均水平的指标。

短线投资者的持有期从几秒钟、几分钟到几个月不等,每个短线投资者都是不一样的。例如,新闻投资者常在公开发布新闻之后进行短线投资。

二、交易动机

我们也可以按照交易动机对交易者进行分类。市场上的投资者有很多合理的交易动机,但是最重要的是关于证券内在价值的信息,我们称之为信息交易动机。如果交易对手有更进一步的信息(如非法"内部人"的信息),那么投资者就很有可能遭受损失。信息交易者通常需要快速(在信息完全公开之前)并且在暗地里交易(为了避免被发现)。信息对于交易过程具有深远影响。

非信息交易动机包括套期保值(hedging)、流动性(liquidity)和投机。

套期保值交易旨在降低风险。例如,由于股票和期权的发放,高层管理人员的个人财富往往更集中于单一公司(即他们自己所在的公司)的股票而不是谨慎的多样化投资,出售部分这些股票的期货将降低他们的总体风险。此外,股票指数基金(ETF)典型的套利方式是买入股票,再卖出等值的 ETF。

流动性交易动机源于意外的现金流出或流入。例如,共同基金管理下的资产随着投资者在基金中的投资或撤资的股份变化而变化。任何一天,这些波动都不可能完全抵消,因此该基金必须进行交易。

有时,人们把金融市场比喻为"赌场",但也有很多反对这种说法的理论。从长期来看,金融市场并不是一个零和博弈(zero-sum game)(因为在零和博弈中,每一个赢家对应着一个输家)。金融市场在不同时间、不同用途的资本配置和风险管理方面发挥着重要的作用。这些作用可以创造价值而不是仅仅局限于财富的再分配。

投机并不完全是"理性"投资和对冲的对立面。一个投资者可能在详尽分析的基础上购买一只股票,但是仍然会在购买的那一刻感到兴奋。这类似于购买彩票、预测赛马或者是体育赛事的结果。用约翰·梅纳德·凯恩斯的话来说:"对于完全不受赌博本能约束的人来说,职业投资这种游戏是无聊透顶的,而且是过于苛刻的;同时,对于有这种赌博本能的人来说,他们又必须付出适当的代价。"

第四节 价格形成

投资者经常把证券的"价格"当作一个单一的、唯一的、定义明确的数字。然而事实上,市场会经常提供给投资者几个数字:(1)最近价格(最近的交易价格)(last sale price);(2)买价(bid quote),即某投资者公开愿意购买的最高价格;(3)卖价(ask or offer quote),即某投资者公开愿意出售的最低价格,其中"ask"与"offer"可以互换使用。

当人们看到某一个价格被媒体报道时,这个价格往往是指最近价格。这一价格的有效性往往来源于交易已真实发生的这个事实。由于交易发生在价格披露之前,这个价格不可能是完全实时的(很可能已经过期)。这个价格与人们当下考虑的交易中所愿意支付或出售的价格可能会有很大的不同。买入价(bid)以及卖出价(ask)都是假定价格,它们可能促成交易,也可能导致交易失败。

根据市场惯例,买入价和卖出价可能是具有指示性的。在市场存在指示性买入价(indicative bid)情况下,潜在的卖方必须直接联系买方并且询问对方愿意以什么价格成交。如果买入价确定,即可拍板成交,交易不需要进一步讨论。同样,如果卖出价确定,买方可以选择"解除"(lift)或者"接受"(accept)价格。在美国股票市场,买入价和卖出价是确定的,可以立即执行,但附带资格准则另有规定的除外。

买入报价(bid quotes)和卖出报价(ask quotes)之间的差就是价差(spread)。假设买入价和卖出价不变,价差就是买方立即逆转交易的成本。或者,如果买入报价和卖出报价是由同一个经纪商公布,价差就代表着利润。

买卖双方报价的平均值,称为买卖双方中点(BAM),它有时被视为一种方便买卖双方的价格指标。特别是对于非经常交易的股票,最近价格可能相当陈旧,买卖价差可能非常大,因此 BAM 是特别有用的。

第五节 流 动 性

流动性是一个意义宽泛的术语,它概括了投资者在进行交易时所遇到的成本问题和交易的复杂程度。在一个流动性强的市场,交易既便宜又简单。概括来讲,流动性有时可以部分概括为具有即时性(immediacy)、紧密性(tightness)、深度(depth)和弹性(resiliency):(1) 即时性是快速交易的能力;(2) 紧密性意味着可以用低价格进行往返买卖;(3) 深度是指存在大量的接近最佳买价和卖价的买方订单和卖方订单;(4) 弹性表明任何伴随大宗交易而来的价格变动都是短暂的,很快就会消散。

紧密性和深度可以在给定的时间内进行相当精确测量。然而,对于即时性来说,除了最小的交易数量外,都是带有推测性质的。大宗交易通常是逐步完成的,投资者事先并不知道整个过程需要多长时间。弹性则是一个类似动态的属性。

股票的流动性各不相同:被投资者更广泛持有的股票通常比小额发行的股票拥有更好的流动性。流动性也会随着时间而变化,它有时表现为网络效应或外部性。正如一个人从电话中获得的好处取决于他通过电话可以联系到多少人,流动性也取决于其他人持有多少股票以及

（暗地里）交易多少股票。如果一个市场中的投资者很活跃，那么他们就更容易找到交易对手。流动性这个术语在其他语境中可以有不同的含义。在公司金融和货币经济学中，流动性指的是某种东西转化为现金（通过出售或借贷抵押）的难易程度。例如，在公司的资产负债表上，该公司持有的短期国库券被认为是流动资产，因为如果该公司需要现金，这些国库券很容易变现。在假设该公司可以利用库存作为抵押从银行借款的情况下，存货（inventory）也被视为具有流动性。当有必要作出区分时，可以把上述意义上的流动性称为"资金流动性"，而把交易目的的流动性称为"市场流动性"。

透明度（transparency）是指有关市场和交易过程中可用的信息量，其会影响流动性。在美国股市，人们通常了解交易的全部历史（成交额和价格），以及过去和当前的买入和卖出。但是在外汇市场中，交易不会被披露，买入和卖出的信息也不会被广泛传播。相对而言，美国股市是透明的，外汇市场是不透明的。值得注意的是，良好的市场透明度并不意味着证券有充分的基本面信息。透明度是市场的一个属性，而不是证券本身的属性。交易前透明度（pre-trade transparency）指的是交易之前可以获得的信息，如买价、卖价和最近的价格历史等。交易后透明度（post-trade）是指交易后可获得的信息，如交易价格、成交量等，有时还能获得对方的身份信息。

延迟（latency）是指在提交订单时遇到的延迟，它也会影响流动性。即时性和延迟指的都是速度，但即时性是包含整个交易过程的一般属性，而延迟的定义更狭义。它通常是以从交易中心计算机收到订单到从该计算机发送响应消息所经过的时间（以毫秒或微秒为单位）来衡量的。延迟是市场技术的一个属性。

第六节 被动还是主动

购买、出售还是持有证券？这个问题属于资产配置或者风险管理领域。但是投资者一旦作出决定，就转向了交易执行的问题。具体来讲，当投资者进入市场并进行交易的时候，是接受目前最好的可用价格，还是自己定价并等待一个他认为合适的价格的交易对手到来？

我们从假设有一只股票和一个方向（direction）开始，"方向"是"买入"或者"卖出"的简称，为了理解更方便，我们假设为买入。进入市场的买方可以通过接受卖价立即进行交易；或者买方也可以提出自己的买价，等待愿意接受其买价的卖方进行交易。假设市场买价为 100 美元，卖价为 101 美元。买方可以通过支付 101 美元立即购买到股票，也就是说接受卖方的价格。或者买方可以出价 100.25 美元，如果有合适的卖家出现，他们的交易就会以 100.25 美元成交。

提出买价还是接受卖价是一种选择：接受其他人的卖价，交易立即执行，或者提出（较低的）买价，希望以更好的价格成交。但是买价也有永远不会出现合适卖家的风险。市场可能会走高，买家可能会发现自己只能"追"着股票价格，最后以高于最初价格的买价买入。买家如果决定买入，那么买家下单，这通常通过经纪商传达到市场。所有订单表明方向和数量。在大多数情况下，每个指令都有一个价格限制，例如，"购买 100 股，限价 102 美元"，也就是说，每股支付不超过 102 美元。有价格限制的订单通常称为限价订单（limit order）。如果下单时市场询价是 101 美元，那么卖家就认为下单是有市场的，并且以 101 美元立即成交。而市场订单是在没有价格限制的情况下传达的。对于买入指令，它表示"我将支付市场买价，不管买价可能有多高"。如果市场卖价为

101美元,那么发出市场购买指令的买方预计将支付101美元。但价格可能会迅速变化,如果订单到达市场时,卖价为110美元,买家就将支付110美元。在这种情况下,如果买方下了价格为102美元的限价单,并预计买入价格为101美元,但是如果订单到达市场时报价为110美元,那么订单将不会被执行。由于市场订单有时可能导致糟糕的结果,因此一些市场不接受这种类型的订单。对于卖出过程中的订单(如限价卖出订单或者是市场订单),上述过程也是适用的。

无论是接受卖价还是提出买价往往涉及风险与回报之间的权衡。想要买入股票的投资者可以通过支付卖价立即交易。但如果使用限价购买指令(低于要约价格的买价),那么股票可能会以更低的价格成交。它的风险在于卖价可能不被接受,那么相应的股票也就不能成交。这种执行失败的后果可能是微不足道的(如果交易者对于拥有股票的意愿并不强烈),但如果买入股票(有投资或对冲目的)的愿望很强烈,后果就可能是严重的。另外,限价订单通常需要等待愿意接受它的价格的订单的到来。同时,延迟也可能导致风险,因为股票价格在不断变化。

 思考题

1. 经纪商的主要职能有哪些?
2. 投资者的交易动机是什么?影响它的因素有哪些?
3. 流动性是什么?怎样为市场提供流动性?

第三章 限价指令订单簿

在全球市场，大多数股票、期权和期货交易都是围绕着限价订单簿（limit order books）进行的。为了描述这些市场，笔者紧接着之前讨论的买价（bid quote）和卖价（offer quote）来讲。从这一章开始，笔者将详细介绍这些价格指令来自哪里，并探讨中国市场的特别之处。

第一节 买价和卖价的来源

谁能在市场中提出买价或者卖价呢？从某种意义上说，答案是"任何人"。但是如果价格指令并未让他人所知，也没有人能够执行，那就是没有意义的。为了让出价或者报价变得有意义，必须使其公开可得。在某些市场中，所有的买价和卖价都是由专业的中介机构——做市商进行的。客户的买价和卖价并没有什么意义，因为这些价格不被市场所接受。

在美国股票市场中，任何人都可以很容易地提出买价或者卖价。投资者可以决定是否将其提出的买价或卖价显示出来。如果价格指令可见，就能够提高其被执行的可能性，从而起到一定的保护作用。在任何给定时刻，市场上都可能有许多来自各种散户和机构投资者的买价和卖价。这些买价和卖价就是客户的限价指令，限价指令或限价订单的集合称为限价指令订单簿（简称"订单簿"）。

有时候，由客户订单组成的订单簿是买价和卖价的唯一来源，所有交易都可以在订单簿上找到买价和卖价的提出方。在这种情况下，订

第三章 限价指令订单簿

单簿就是中央市场机制。围绕着订单簿来组织的市场被称为限价指令市场，有时也被称为指令驱动市场。目前，在全球范围内，限价指令市场主导了股票、期权和期货交易。另外一种市场机制是做市商市场（dealer market），也称为报价驱动市场（quote-driven market）。

第二节 执行程序

请回想一下上一章的内容，限价指令指定了买卖方向、股票数量和价格。例如，"买 200 股微软，限价 25 美元"的意思是"买入 200 股微软，但每股不超过 25 美元"。当这个订单到达市场中心（market center）时，中心会先对这个进行"匹配"。在本例中，匹配（也称为交易、执行或填充）发生在刚到达的订单（arriving order）出价刚好等于或者超过卖方已有的订单（standing order）的价格时。

假设订单簿上已有一个卖方订单："卖 200 股微软，限价 25 美元"。如果一个刚刚到达的订单是："买 200 股微软，限价 25 美元"，那么这个订单就是可以交易的，交易价格是 25 美元。

最终交易价格由预先存在的订单决定。如果新的订单是"买 200 股微软，限价 50 美元"，那么最后的成交价格仍然为 25 美元。交易数量由买入和卖出数量中较少的一方决定："买 300 股微软，限价 25 美元"则"交易 200 股（由较小的买入量决定）"或"卖 50 股微软，限价 25 美元"则"交易 50 股（由较小的卖出量决定）"。

第三节 订单簿上的优先权

当一个满足交易条件的订单到达订单簿时，订单簿上可能已经有很多有效的候选订单可供执行，那么哪一个订单具有优先执行的权利呢？在大多数市场中，价格最为优先。价格相对较高的买入指令被认为是（相对）激进的（买方愿意支付更高的价格），价格相对较低的卖出指令也被认为是（相对）激进的（卖方愿意接受更低的价格）。（相对）激进的限价指令优先于其他指令。

然而，在价格之后的第二优先级各不相同。这些优先级的设定通常是为了促进交易所的流动性，提升交易所作为理想交易场所的吸引力。最常见的第二优先级是时间，即先到先执行。这一原则鼓励买方和卖方迅速以自己能提供的最好的价格挂单。

有些订单簿接受标记为"隐藏"的订单。这些订单客观存在于订单簿中，它们可以被执行，但不显示。虽然这样的订单也可以交易，但是可见订单通常比"隐藏"订单更为优先，即使这些可见订单更晚到达订单簿。可见的限价订单就像是在为市场做广告，所以从交易所的角度来看，让这些订单优先是有道理的。

有些市场优先考虑大额订单。大额订单表明该交易所有能力处理大宗交易。大额优先原则可以通过按比例分配交易量的方式来实现。在比例分配系统中，同一价格下的所有限价订单都以其订单量为比例共享每一次总的交易数量，而不管每个订单提交的先后顺序。例如，假设有两个限价订单的买价都是 100 美元，订单量分别为 100 股和 900 股。这时如果一个有效卖单进入市场："卖 200 股，限价 100 美元"，那么最终想要买 100 股的买方实际上只买到 20 股，而想要买 900 股的卖方则能买到 180 股。

第四节 买卖双方的相互作用

假设目前订单簿的状态如表 3-1 所示：

第三章 限价指令订单簿

表 3-1 订单簿状态

	价格（美元）	订单量（股）	到达时间	交易者
	50.12	1000	9：30	C
卖	50.11	500	9：32	B
	50.10	400	9：31	A
	50.05	1000	9：30	D
买	50.04	500	9：32	E
	50.03	400	9：31	F

此处显示交易者的名称是为了方便下文对订单的指代。在美国股市的订单簿中，投资者的名字是不显示的。如果买价或者卖价来自专业的机构，那么有可能会点明这家机构的名称。

如果投资者 G 发出一个订单，"买 500 股，限价 50.10 美元"，则她能够先成交一部分，从投资者 A 那里以每股 50.10 美元的价格买入 400 股。剩下未买入的 100 股则会被加到订单簿里的买方。市场中新的最高买价就来自于他的订单——50.10 美元。同时，市场中新的最低卖价是投资者 B 的 50.11 美元。

有时候订单上还要附加一些条件。最常见的就是"立即执行或撤销"（immediate or cancel，简称 IOC）订单。如果投资者 G 的订单是立即执行或撤销订单，她仍然会买入 400 股，但订单中未买入的 100 股不会再被添加到买方订单簿。如果投资者 G 的订单是"全部执行或撤销"（all or nothing，简称 AON）订单，她就不会买入 400 股。尽管如此，在大多数交易系统中，她的订单仍被认为是有效且活跃的。如果投资者 A 或者其他卖家以 50.10 美元的价格在卖方订单簿中再增加 100 股，投资者 G 的订单才会执行，即一次性买入 500 股。"立即全部执行或撤销"（fill or kill，简称 FOK）订单是 IOC 和 AON 的组合。如果投资者 G 的订单标记为 FOK,那么不会有任何交易发生。

如果投资者 G 发出一个"买 1000 股,限价 50.12 美元"的指令,她的订单将以多个价格执行即"遍历订单簿"(walks through the book)。她先以每股 50.10 美元买入投资者 A 的 400 股,再以每股 50.11 美元买入投资者 B 的 500 股,最后以每股 50.12 美元买入投资者 C 的 100 股。

第五节 中国市场的特别之处——三价居中原则

中国市场的三价居中原则要求交易所考虑上一笔成交价,交易所将买价、卖价、上一笔成交价按照从高到低顺序进行排序,然后选取中间价作为成交价。举例来说:现有一投资者愿意出价 9 元买入,另一投资者愿意出价 8 元卖出。按照"价格优先、时间优先"的交易机制,如果是 8 元的订单先到订单簿,就会按照 8 元成交;如果是 9 元的订单先到订单簿,就会按照 9 元成交。但是基于三价居中原则的交易机制却并不是按照上述过程进行的,三价居中原则要求交易所考虑上一笔成交价,将买价、卖价、上一笔成交价进行从高到低的排序,然后选取中间价作为成交价。假设上一笔成交价是 8.5 元,订单簿中出现了:8 元(卖价)、8.5 元(上一笔成交价)、9 元(买价),按照从高到低的顺序进行排序是 9 元、8.5 元、8 元,8.5 元是排在中间的,三价居中原则要求交易所按照中间价 8.5 元成交。假设上一笔成交价是 10 元,那就按照 10 元(上一笔成交价)、9 元(买价)、8 元(卖价)的顺序排序,最后按照中间价 9 元(买价)成交。

在中国,股指期货、商品期货、股指期权使用的都是基于三价居中原则交易机制。股票、ETF 期权用的是"价格优先、时间优先"原则。观察中国金融市场后可以看出:上海证券交易所和深圳证券交易所推出的产品,不论是股票、期权,采用的都是"价格优先、时间优先"原则;但是中国的期货交易所,包括中国金融期货交易所、大连商品交易所、郑州商品交易所和上海期货交易所,它们推出的产品不论是期货还是期权,采用的都是三价居中原则。

关于"三价居中原则是否助推价格波动"的问题至今也没有一个非常明确的答案,因为期货市场中的流动性相对较好,换句话说,买价、卖价和上一笔成交价,这三个价格相差不会特别大。然而引入期权以后可能就会出现问题,因为对于期权合约来说,实际上它的主力合约可能是活跃的,但是期权同时可能有40—50个合约,其中总会有一些合约是不活跃的。这些不活跃合约的上一笔成交价可能与买价和卖价相差较大,如果这时再考虑上一笔成交价,很有可能使价格失真。从理论上来说,因为考虑上一笔成交价实际上就是考虑上一次的信息,相当于重复利用了信息。如果重复利用信息后,此时的价格无法反映真实的供需关系,由此可能会产生一些困扰,这也就是三价居中原则带来的一些问题。

 思考题

1. 请根据"价格优先,时间优先"原则,为下列买方订单构建买方订单簿。

表3-2　买方订单状态

投资者	时间次序	订单量(股)	价格(美元)
A	1	100	20.02
B	2	400	20.05
C	3	200	20.07

(续表)

投资者	时间次序	订单量(股)	价格(美元)
D	4	100	20.06
E	5	300	20.07
F	6	300	20.05

2. 请根据"价格优先,时间优先"原则,为下列卖方订单构建卖方订单簿。

表 3-3　卖方订单状态

投资者	时间次序	订单量(股)	价格(美元)	是否显示
A	1	100	10.10	是
B	2	400	10.02	是
C	3	200	10.01	否
D	4	100	10.02	是
E	5	300	10.01	是
F	6	300	10.10	否
G	7	200	10.00	否

3. 请根据订单簿状态,依次描述投资者交易执行后的结果。

表 3-4　订单簿状态

	投资者	时间次序	订单量(股)	价格(美元)	是否显示
卖	I	5	1000	16.00	是
	G	2	500	15.07	是
	E	1	100	15.07	是
	D	4	300	15.05	否
	A	3	200	15.05	是

(续表)

	投资者	时间次序	订单量（股）	价格（美元）	是否显示
	B	2	400	15.03	否
	C	3	200	15.00	是
买	F	4	300	15.00	否
	H	1	300	15.01	是
	J	5	2000	14.50	是

投资者订单要求：

投资者 K："买 300 股，限价 15.05 美元"。

投资者 L："买 600 股，限价 15.10 美元"。

投资者 M："买 600 股，限价 15.05 美元"。

投资者 O："卖出 500 股，限价 15.00 美元"。

投资者 P："卖出 500 股，限价 15.02 美元"。

投资者 R："卖出 500 股，限价 15.04 美元，LOC"。

投资者 S："卖出 500 股，限价 15.04 美元，FOK"。

第四章　分割与集中的市场结构

市场可以通过法律或既定惯例，将所有股票交易合并在一个交易所进行。以前，这意味着所有的交易都发生在一个实际存在的交易大厅（trading floor）里。而在今天，"合并"通常是指所有交易都发生在一个计算机系统里，这个系统通常就是一个合并后的限价订单簿（consolidated/centralized limit order book，简称 CLOB）。如今，大多数监管机构都不愿让一家交易所垄断交易，因此市场上更易出现多家交易所同时存在的局面，这样的市场结构称作"分割的"（fragmented）市场。通过设置多个限价订单簿，就可以简单地构建一个分割市场。如果市场中存在其他（非限价订单）交易机制，该市场称作"混合"（hybrid）市场。美国股票市场是分割的市场结构，而中国股票市场则是集中的市场结构。

第一节　分割的美国交易场所

在股票市场诞生之初，在美国某个交易所上市某只股票，那么这个交易所就近乎拥有这只股票的独家交易权。例如，如果一只股票在纽约证券交易所上市，那么几乎所有和这只股票相关的交易都将会在纽约证券交易所进行。如今，一只股票可以在多地进行交易。鉴于并非所有的交易地点都是交易所，本书将这些地点称作"交易场所"或者（在美国的监管体系下）称作"市场中心"。交易场所因费率结构和交易协定的不同而不同。

美国有很多交易场所,而且竞争非常激烈。对于所有的上市公司股票而言,最大的交易场所就是"NASD ADF"。"ADF"代表"另类交易系统"(alternative display facility)。该系统为交易所的交易提供了报告交易状况的渠道,涵盖了很多以不同方式进行的交易。大多数人认为,ADF之所以能报告那么大的交易量,主要是"暗池"(dark pools)交易的贡献。"暗池"交易也受监管,但与大多数交易场所相比,"暗池"交易的透明度较低(很难观察到交易过程的细节和市场的状况),美国大约有50个这样的"暗池"。

第二节 分割市场的价格形成

投资者在应对分割市场时面临巨大的挑战,因为不同的市场可能有不同的价格。在某一时刻,谁的买价最高?谁的卖价最低?如果投资者想要挂出自己的买价或者卖价,在哪里挂单最好?如果有人看到他挂出的价格,可以在哪里发出指令与他进行交易?

2005年前后,美国采用了一套全面的规则,即《全国市场系统规则》(Regulation for National Market System,简称 Reg NMS)来管理美国股票市场的交易。这套规则以一种"虚拟整合"的方式将不同的市场联结起来。

按照 Reg NMS 的规定,任何交易可能发生的地点或系统都称为市场中心。虽然不同的市场中心经常交易相同的证券,但是可以根据交易的规则、程序或费率结构将它们区分开来。这些中心通过市场信息系统(market information systems)和申报系统(access systems)相互连接。市场信息系统从市场中心向用户传递最近一次的交易报告、当前报价和其他信息。申报系统则相反,它负责将用户的订单传送到市场中心。

对于在纽约证券交易所和美国证券交易所上市的证券，最重要的市场信息系统是综合交易系统（consolidated trade system，简称CTS）和综合报价系统（consolidated quote system，简称CQS）。CTS负责整合交易结果报告（无论此项交易在何处进行），CQS负责整合且公布每个市场中心的最佳买价和卖价（best bid and offer，简称BBO）。在纳斯达克上市的股票也有类似独立的系统。

在所有价格数据中，人们最感兴趣的是某一给定时刻下的全市场最高买价（national best bid）和最低卖价（national best offer）。全市场最优买卖价格（national best bid and offer，简称NBBO）是经纪人和交易员重要的参考基准。市场信息系统是单向的，投资者并不能通过市场信息系统发出指令用NBBO进行交易，也无法通过其得知本次挂单的结果。为了实现这些功能，投资者需要借助申报系统。申报系统将经纪人与市场中心连接起来，并将市场中心相互连接。

第三节 优先规则的障碍

单个限价订单簿中的优先原则非常明确：价格、可见性和时间。但是，当存在多个交易所和多个限价订单簿时，优先原则如何在多重市场中发挥作用？最为重要的一点是，因为没有一个协调机制来统一整合每个订单簿，所以实际上并没有一个可以将价格、时间和可见性都整合好的大订单簿，而单个订单簿的优先原则并不适用于所有市场。

以下几种情况很可能发生：（1）违反可见优先原则。例如，即使交易所B仍有一定数量的可见订单出价100美元，一个同样出价100美元的不可见订单也可能会在交易所A执行。（2）违反时间优先原则。例如，一个出价100美元，且在上午10:00进入交易所A的买入指令可能比一个出价 100 美元,且在上午 9:30 进入交易所 B 的买入指令先执行。(3) 违反价格优先原则。例如,交易所 A 出价 100 美元的买入指令有可能和交易所 B 出价 101 美元的买入指令同时执行。

在单个订单簿中,价格较为激进的、先进入市场的、可见的订单总是会被优先执行,这就激励投资者们快速挂出可见的激进限价订单。可如果这些优先原则在多重市场中被违背,投资者们受到的激励程度就会降低。

上述违反价格优先原则而进行的交易被称为"穿价交易"(trade through)。当有订单在交易所 A 以价格 100 美元执行时,在交易所 B 出价 101 美元买入的交易就被称为"穿价交易"。交易所 A 的卖方处于不利地位,因为她最终以 100 美元卖出,而她本可以以 101 美元卖出。交易所 B 的买方处于不利地位,因为他被剥夺了可以优先执行的权利,只有交易所 B 的卖方从中获益。

第四节 订单保护和 Reg NMS

根据 Reg NMS,美国市场对防止"穿价交易"有一定的预防措施,但只适用于市场中心的 BBO,即市场中心可见订单簿的最优价格。假设交易所 A 和交易所 B 的订单簿的买方订单分别如表 4-1 所示:

表 4-1 交易所 A 和交易所 B 订单簿中的买方订单

交易所 A 的买方订单	交易所 B 的买方订单
100 股,102 美元	100 股,102 美元
100 股,100 美元	100 股,101 美元

如果一个投资者向交易所 B 发出一个指令,"卖出 200 股,限价 101

美元",交易所 B 依据其订单簿上的最高买价(102 美元)卖出 100 股,剩下的 100 股如果接着以 101 美元成交,就会构成对交易所 A 最优买价的"穿价交易"。

Reg NMS 要求,市场中心需要防止穿价交易的出现。如果一个订单(或者部分订单)即将导致穿价交易的发生,那么这个订单就必须传送到能够提供更优价格的交易所。在上面的例子中,交易所 B 需要将订单中剩余的 100 股传送到交易所 A,以便以更优价格 102 美元成交。

一个要卖 300 股的交易者可能会挂两个订单:(1)"卖出 100 股,限价 100 美元",挂在交易所 B;(2)"卖出 200 股,限价 100 美元",挂在交易所 A。挂在交易所 B 的订单以 102 美元执行;挂在交易所 A 的订单将执行两次:以 102 美元卖出 100 股,另以 100 美元卖出 100 股。在交易所 A 的第二次交易并不会被阻止,因为交易所 B 中买价 101 美元的订单(在被执行的瞬间)并不在交易所 B 的订单簿的"顶端"(the top of B's book),即这并不是交易所 B 的最优买价。因此,交易所 B 买价 101 美元的订单并不受保护。

卖方为什么一开始不把 200 股挂到交易所 B? 如果这样操作,最后 100 股可以卖个更好的价格。这里笔者提供几种可能的解释:(1)卖方可能不知道交易所 B 最优买价之外其他的买价;(2)卖方可能主要关心的是速度(即能够快速执行订单),并且认为在交易所 A 交易会更快(延时更短)。可见,速度变得更为重要。

怎样才能让交易所 A 知道投资者想让这 200 股的订单在交易所 A 的订单簿上以多个价格成交(walk through its book)呢? 可以先查看交易所 B 的买价,但这势必会使订单被延迟执行,这也许并不是投资者想要的结果。在这种情况下,Reg NMS 为投资者提供了一种避免穿价交易的方法。在本例中,这个投资者可以指定每个订单都进行"跨市场扫描"(intermarket sweep),这就提醒交易所 A,该投资者接下来是要和交易所 B 的最优价格进行交易。使用扫描订单（intermarket sweep order，简称 ISO）的投资者需要向每个市场中心都发送一个订单，保证能够以每家交易所的最优可见价格执行可见的订单量，而且每一个订单都必须指定为扫描订单。

第五节　集中的中国交易场所

在中国市场，无论是股票、期货还是期权，每个交易产品都只能在唯一的交易场所交易，不能在不同的交易场所之间交易。所以从这个意义而言，中国市场是集中的市场结构，具体包括上海证券交易所、深圳证券交易所、大连商品交易所、郑州商品交易所、上海期货交易所和中国金融期货交易所共六家独立集中的交易场所。

第五章　做市交易：做市商的市场微观结构

本章首先按照市场价格形成的方式，简单介绍交易机制的主要类型；其次，重点分析做市商行为的理论模型；最后总结做市交易对市场效率的影响。

第一节　交易机制的类型

市场的交易机制是产品价格形成的方式，投资者潜在的买卖需求通过这种交易规则转化为实际的交易，从而实现市场最核心的功能——价格发现。不同交易机制下的价格形成过程各不相同，据此我们将交易机制分为竞价交易（又称为订单驱动制度）（order-driven market）、做市交易（又称为报价驱动制）（quote-driven market）和两者相结合的混合交易（hybrid market）。

一、竞价交易

竞价交易是买卖双方将委托指令提交至市场的交易系统之中，由系统按既定的交易规则进行指令匹配和撮合成交的一种交易机制。根据交易的连续性不同，竞价交易又分为连续竞价与集合竞价。目前，中国的场内证券市场普遍采用集合竞价与连续竞价相结合的交易机制，其中，开盘采用集合竞价方式（深圳证券交易所的收盘也采用集合竞价方式），而其他交易时间则采用连续竞价方式。

集合竞价对订单的处理是离散的,即系统将在一定时间段内所收到的委托订单累积起来,到某一确定的时间点进行集中的指令匹配。集合竞价的优势在于:(1)不存在买卖报价价差,市场按单一价格成交;(2)能有效化解大宗交易对市场价格的冲击;(3)能更好地化解新信息对市场的冲击。集合竞价可以有效降低开盘价被操纵的可能性,提高开盘价的信息效率。但是,集合竞价的这个优势也是它的劣势,具体表现为处理信息的即时效率非常低,忽略了市场的即时信息反应,降低了价格发现的效率。因此,集合竞价一般被用于交易间隔时间较长的开盘、收盘阶段或用于交易频率非常低的个股交易和大宗交易之中(例如,伦敦证券交易所对流动性较差的股票采用确定时点的集合竞价方式)。

连续竞价对订单的处理则是连续的,即系统即时地对委托订单按设定的交易规则进行匹配和撮合,以实现连续的价格发现功能。因此,与集合竞价相对应的连续竞价的优势在于:(1)市场透明度较高,多数连续竞价市场的委托订单簿及成交信息是公开的(如沪深两市公开前五档买卖盘和即时成交价格);(2)信息处理效率高,价格能即时反映市场的信息变化;(3)流动性高。正因为连续竞价交易的透明、高效和公平性,大多数交易所都采用了这类交易机制。

二、做市交易

做市交易是由做市商在市场中首先报出证券的买卖价格(双边报价),而后由投资者根据做市商的报价决定是否交易。在纯做市交易下,交易双方都必须和做市商成交以实现证券的买卖,而做市商则通过低买高卖的报价策略(quote strategy)获取价差收益(bid-ask spread)。在网络交易系统兴起之前,做市商制度是交易所的核心交易机制。随着网络交易系统的发展,做市交易开始与竞价交易融合,形成各种形式的混合交易机制。

传统做市商市场价格的形成完全取决于做市商的报价,市场的流动性则取决于做市商的报价效率与交易能力。这一制度的优势在于:(1)降低买卖双方的信息成本,提高市场的流动性和活跃程度;(2)通过反向操作抵制投资者的投机和市场的剧烈波动;(3)有效传递价格信息,提高市场的效率和稳定程度。根据做市商数量的不同,传统做市商市场还可以细分为垄断做市商市场和多元做市商市场。

三、混合交易

混合模式市场中的价格形成既取决于投资者,又与做市商的报价密切相关。一般而言,流动性较高的证券价格主要通过竞价交易形成;而流动性较低的证券(或大宗交易)价格则主要由做市商报价形成。事实上,根据市场组织方式和做市商权利不同,又可以将混合模式市场中的做市商分为专家做市商(specialist,如纽约证券交易所)和流动性提供商(liquidity provider,如中国台湾期货交易所)。前者为特定股票的做市商,并具有查看和维护该股票订单簿的权利和义务;而后者则指定为特定证券提供流动性,但其与普通投资者一样,只能通过向交易系统提交报价委托订单,并通过系统撮合成交,其所掌握的信息也仅限于公开的市场信息。一般认为混合模式市场中的做市商的作用,特别是流动性服务商的作用与标的证券的交易情况密切相关。尽管如此,目前很多实施竞价交易的交易所均引入做市交易,以发挥做市商为市场提供流动性、抑制价格波动及推广市场的功能。

第二节 做市商行为的理论研究

做市商制度起源于传统场外市场的雏形——店头市场,最初表现为拥有大量某种证券的机构在市场中承诺按确定的价格对该证券进行交易。现代证券市场中的做市商制度则起源于20世纪60年代的美国证券柜台交易市场,随着电子报价系统的引入和"全美证券协会自动报价系统"(NASDAQ)的建立,做市商制度逐步规范并成为市场的核心交易机制。

做市商制度在发展过程中经历了由纯做市商市场向混合模式市场的转变,尽管如此,做市商仍然是通过建立相应市场环境下的报价策略参与市场,对市场效率的作用方式并没有发生明显改变。为此,我们首先需要通过做市商的报价策略来认识做市商的行为方式。

有关做市商报价行为的理论研究经历了由存货模型向信息模型的转变,这些报价模型适合描述不同市场环境下的做市商行为。

一、存货模型

(一)Demsetz 模型与 Garman 模型

Demsetz(1968)最早研究了市场的供给微观结构,他将做市商视为即时交易的提供者(immediacy transaction provider)。他假设交易指令流服从随机分布且市场中仅存在唯一的做市商,由此做市商必须承担未来交易指令方向及数量上的不确定性所带来的风险,而为了弥补这一风险,做市商会采用低买高卖的双边报价策略,从而获取价差收益。

Garman(1976)在 Demsetz(1968)的基础上进一步假设做市商在期初拥有现金和证券存货两类资产,在做市过程中不能借贷,做市商的目标是在避免破产的前提下实现预期收益的最大化。在这些假定条件之下,做市商的每次交易是相互独立的,而做市商若要避免破产,在每次报价前必须考虑存货量及未来订单流的分布特征。

(二) Amihud、Mendelson 模型与 Ho、Stoll 模型

Amihud、Mendelson(1980)通过研究存货的作用,进一步扩展了 Garman 模型,他们将存货作为状态变量,并放在做市商的报价决策函数之中通过动态规划架构来解决问题。通过模型所推导的最优双边报价函数都是存货头寸的减函数,即随存货头寸的增加,做市商的报价更倾向于单边卖出。与此同时,该模型也揭示了当市场中的买卖价差大于零时,做市商会有较高的最优存货水平。

Stoll(1978)及 Ho、Stoll(1981,1983)则加入做市商厌恶风险的假设,并将做市的报价由单期延伸至多期,由单个做市商延伸至多个做市商。由于风险偏好函数的加入,做市商的目标从期望收益最大化转而追求最终财富的期望效用最大化。在此假设下,该模型所揭示的做市商报价策略与三类成本相关,即指令处理成本、存货成本与信息成本;在做市义务临近到期时,做市商将通过报价将存货逐步调整为零;若市场中存在多个做市商竞争,并允许做市商之间交易,则随着做市商数量的增加,买卖价差将逐步缩小。

二、信息模型

(一) Glosten、Milgrom 模型(简称"GM 模型")

Glosten、Milgrom(1985)首次将信息不对称问题引入做市商的定价理论之中。他们假设在纯做市商市场中存在知情交易者和不知情交易者,每次只能交易一个单位的证券,每个时期在做市商和交易者之间只有一次交易发生且交易是匿名的;交易者(知情或不知情)订单的到达

是随机的,做市商不清楚证券的真实价值,因此,风险是中性的。

在 GM 模型中,订单的类型传递了真实价值的信息,知情者只有在价格低于真实价值的时候才会买,只有在价格高于真实价值的时候才会卖。因此,做市商使用贝叶斯学习法则来设定买卖报价,当前一笔成交为对手方买入时,做市商将上调卖出报价;当前一笔成交为对手方卖出时,则下调买入报价。

(二) Easley、O'Hara 模型

Easley、O'Hara(1987)在 GM 模型的基础上放宽了有关交易规模和市场一定存在知情交易者的假设,即交易者可以选择大额交易或小额交易,市场中既可能存在知情交易者,也可能不存在知情交易者。此时,做市商通过历史成交数据获知市场中信息的过程从静态变成了动态。与此同时,Easley、O'Hara 还加入交易时间间隔的因素。在此基础上,该模型预测当市场的交易规模越大时,做市商的价格调整速度越慢;当交易时间间隔较长时,做市商会缩小买卖价差。

第三节 做市商对市场效率的影响

做市商的主要功能可以归纳为两点:一是提供流动性,保证市场交易的连续性;二是降低市场波动率,使得交易价格无限接近资产的合理定价。从传统意义上讲,在证券市场中,做市商制度存在的价值更多地在于向市场提供其所需的必要流动性,从而使得市场的交易价格更接近证券中所蕴含的资产价值,以体现合理估值。而在期货市场中,交易量较证券市场规模更大,做市商提供流动性的功能在提高交易效率方面不能发挥在证券市场中那样的优势。然而,期货市场中由杠杆效应带来的高风险,却可以通过做市商制度得到极为有效的控制。做市商

制度在期货市场中存在的价值主要是通过降低波动率、对交易品种合理定价来实现提高市场交易效率的功能。

做市商制度对交易效率提高的贡献主要可以从以下四点表现：

一是能够保持市场的流动性。由于做市商必须维持品种的双向交易，所以交易者不用担心没有交易对手。做市商既是空头开仓的买方又是多头开仓的卖方，即投资者随时都可以按照做市商的报价开多头仓位或空头仓位，不会因为多空双方不均衡（如只有多头委托单或空头委托单）而无法交易。当一个市场订单下到交易所时，如果在一定时间内没有可以匹配的反向订单，则做市商有义务接下这个订单。因此，该制度保持了市场的流动性。

二是能够保持市场价格的稳定性和连续性。由于做市商是在充分研究做市产品定价后，结合市场供求关系报价的，同时，做市商又承诺随时按报价开仓，这样就可减少价格波动，降低价格振幅。因此，该制度保持了价格的稳定性和连续性。

三是能够校正买卖指令不均衡现象。在做市商制度下，当买卖指令不均衡时，由做市商来履行义务，承接买单或发出卖单，缓解买卖指令不均衡的情况，并减少相应的价格波动。如买单暂时多于卖单，则做市商有义务用自己的账户卖出。

四是能够提供价格发现功能。实行做市商制度，使每个品种合约都有若干个做市商提供价格，价格会向真实价值靠拢。因为如果某一做市商报价距其他竞争对手差别太大，则其交易量会受到影响，那么他就会被淘汰出局。由于做市商在市场交易中具有信息优势，也为其他市场参与者提供了更好的价格信息，从而促进了整个市场的价格发现。

思考题

1. 交易模式可以分成哪几类?
2. 做市商的交易模式有什么特点?
3. 做市商对市场效率有什么影响?

第六章 "暗池"交易:非透明的市场微观结构

近年来,"暗池"交易蓬勃发展,成交量以每年 40% 的速度增长。笔者从三个视角回顾与展望"暗池"交易。首先,阐述"暗池"交易的概念,分析其增长原因,重点描述作为"暗池"交易最主要类型的配对撮合网(crossing network,简称 CN)。其次,回顾"暗池"交易的学术研究,由早期的静态到如今的动态理论模型,重点分析"暗池"交易对流动性和价格影响的实证研究。最后,笔者认为,在欧洲监管机构规范"暗池"交易的背景下,尤其是欧盟《金融工具市场指令》(MiFID)为不同交易场所提供公平的竞争环境之后,"暗池"交易将继续其增长态势;而国内金融市场领域改革与发展提速之后,随着互联网金融的渗透,类似的"暗池"交易制度或交易平台也会逐渐发展壮大。

第一节 "暗池"交易的概念、诞生与发展趋势

近年来,并购潮使得传统交易所的数量呈现下降趋势(例如,洲际交易所并购了纽约泛欧交易所集团)。与此同时,另类交易系统(alternative trading system,简称 ATS)正以该交易模式大量涌现,"暗池"交易即是其中一种。

第六章 "暗池"交易：非透明的市场微观结构

一、"暗池"交易的概念

（一）"暗池"交易的定义与分类

"暗池"交易区别于传统交易所交易模式的显著特征是，该交易模式不提供公开的买、卖报价。就"暗池"交易本身而言，不同的"暗池"交易会根据投资者属性进行区分。第一个区分是撮合方式（market model），例如，连续匹配还是集中匹配（continuous crossing vs. periodic crossing），可见还是不可见的"交易池"等。第二个区分体现在所有制上，即"暗池"交易从属于传统交易所还是大型经纪商。第三个区分是什么样的交易者允许使用"暗池"交易，使用"暗池"交易的交易者是否既作为买卖方的交易连接，也作为零售商或机构客户提交订单。

基于上述不同，Mittal（2008）将"暗池"交易分为五种类型。第一种是基于配对撮合网的"暗池"（public crossing networks），其组织者为经纪商，专门为机构投资者服务，享有佣金收入。这些单独的"暗池"交易经营者不公布订单信息，买方一般直接将订单发送给经纪商，由其负责为订单寻找配对。属于此类的"暗池"交易包括 ITG POSIT、Instinet、Liquidnet 和 Pipeline 等。第二种是"内部撮合池"（internalization pools），交易的目的在于通过经纪商内部化处理提高池内流动性。交易过程中，买方有权直接进入交易，而经纪商可以决定是否拒绝卖方进入交易。与零售订单类似，这些交易可以包括经纪商的自营订单。第三种是监听目标池（ping destinations），这种交易方式只接受"执行或取消"订单，客户的订单在经纪商账户内交易。相比其他"暗池"交易方式，这类交易方式往往被看作交易系统的"异常值"。第四种是"交易所暗池"（exchange-based pools）。交易所注册后新设立另类交易系统，如 NYSE Matchpoint、Nasdaq Crossing、Deutsche Börse's Xetra XXL 等。第五种是

"联合暗池"(consortium-based pools),由多家经纪商共同经营,如 LeveL、BIDS 等。投资者的"暗池"订单如果在自己所属的"暗池"系统没有执行,可以发送到"联合暗池"撮合,经纪商往往以卖方身份进入交易。

(二) 应用最广泛的"暗池"交易——配对撮合网

根据 Tabb 对美国机构投资者交易的统计报告显示,约 90% 的大型投资管理公司使用的是"暗池"交易的一种——配对撮合网。美国证券交易委员会(SEC)将配对撮合网定义为:"允许投资者以未定价的订单购买和出售证券,这些订单在特定时间以特定价格与另一市场的需求撮合"。

配对撮合网只在买单和卖单相匹配的情况下撮合。在特定时间点或者连续时间中,买单和卖单成对地从其他市场传送过来。如果买单和卖单不匹配,配对撮合网会通过交易程序的算法选定最优执行价格。然而,具体的交易规则常常是不透明的。根据 Mittal 的分类,配对撮合网属于第一种基于配对撮合网的"暗池"类型,或者第四种"交易所暗池"类型(如果它们附属于交易所)。

二、"暗池"交易的诞生与发展趋势

对于机构投资者而言,"暗池"交易比传统交易所更具吸引力的原因在于其提供流动性、降低提交和执行费用、降低市场冲击成本等方面的优势。

在 2000 年前后,"暗池"交易几乎不存在;现在,仅在美国的"暗池"数量就已超过 40 家,全球则超过 60 家,且"暗池"的成交量每年以 40% 的速度增长。这种爆发式增长的第一个原因是技术进步,尤其是算法交易的引入,这些算法考虑价格、流动性和市场影响后,会将最佳结果和自动分派的订单发送到不同的交易场所;第二个原因是监管变革,美国的 Reg NMS 要求交易场所必须保证最佳执行，从而激发新交易场所的设定，欧盟《金融工具市场指令》(MiFID)的颁布也有相似的影响。

以 MiFID 为例，2007 年 11 月 1 日，初次颁布的 MiFID 将监管范畴包含三类场内交易场所：传统的、受监管的交易所（regulated market，简称 RM）[①]，多边交易设施（multilateral trading facilities，简称 MTF）[②]，系统化内部撮合商（systematic internalisers，简称 SI）[③]。然而，MiFID 生效之后，金融工具交易场所之间的竞争日益加剧，特别是经过 2008 年全球金融危机后，先前未曾考虑过的问题暴露出来。首先，竞争的加剧在降低投资者成本的同时也带来了市场分割，使得交易环境更为复杂，特别是在数据搜集和透明度方面更是如此。其次，市场和技术的发展如高频交易的发展超越了 MiFID 覆盖的范围，交易场所之间的透明、公平受到挑战。再次，对于股票以外的金融工具，特别是机构之间交易的场外产品监管处于空白。最后，金融工具的加速创新和日益复杂需要更高水平的投资者保护。2014 年 4 月 15 日，欧洲议会和理事会通过了修订的欧盟《金融工具市场指令》(MiFID Ⅱ)，寄希望于通过建立更加完善、有效的市场竞争结构，增加市场透明度，加强对算法交易和高频交易的监管，加强对金融衍生品市场的监管，进一步保护投资者权益等新措施，来建立一个更加安全、透明和有效的金融市场体系，更好地服务实体经济。

机构投资者广泛使用的"暗池"交易系统（如 BDCN）可以分别在 MTF、SI 和场外市场中作为投资者的交易平台。在 MiFID 的框架下，"暗池"交易系统可以分为两类：一类是适用于交易所和 MTF 中避免披

---

① RM 是通常意义下的交易所。
② MTF 是由投资公司或市场经营者运行的多边交易系统，是金融交易电子化、网络化的产物。
③ SI 是用自己的账户，在传统交易所市场和多边交易设施之外，自行处理客户订单的投资公司。

露交易前信息的"暗池"交易系统,另一类是由做市商使用的"暗池"交易系统,这两类都无需披露交易前的价格、交易量等信息。MiFID Ⅱ则加强了对上述两种系统的监管,尤其是对其中的豁免条款增加了更为细致的认定,而豁免条款必须要能够证明其不会影响公平竞争和价格发现效率。

可以预见,在未来数年里,随着订单流不断向交易成本更低的交易场所迁移,"暗池"的使用频度还会继续增加。这一变化对传统交易所、经纪商和监管者而言都是新的挑战,也为学术界的研究提出了新的市场微观结构问题。

第二节 "暗池"交易的理论基础

"暗池"交易的理论研究集中于配对撮合网的理论模型。早期配对撮合网的理论模型是静态的,只关注单个时点,要求交易同时进行。2008 年之后,研究重点转向动态模型。

Hendershott 和 Mendelson(2000)做出了开创性贡献,他们首次在模型中考虑配对撮合网和交易商市场(dealer market,简称 DM)之间的竞争,假定投资者(知情或不知情)可以选择在这两个市场中提交订单。市场均衡时,投资者有如下四种策略:(1)没有交易;(2)只在配对撮合网交易;(3)只在交易商市场交易;(4)在配对撮合网进行投机交易。投资者的选择会受自身特性(如估值、对交易的耐心程度等)和市场参数(如配对撮合网的手续费、买卖价差、订单执行概率等)的影响。各个市场为迎合特定投资者的需求,导致订单流碎片化(order flow fragmentation)。Hendershott 和 Mendelson 证明:引入配对撮合网到已经存在交易商市场的环境中,对市场质量和投资者福利的影响是微妙而复杂的,不同市场之间竞争的好处并不总是可以超过订单流碎片化带来的成本。一方面,投资者通过风险分担缩小买卖价差;另一方面,在交易商市场中会因为配对撮合网挑出不知情订单而扩大买卖价差。场外流动性的存在、配对撮合网成交量的提高有利于整个配对撮合网投资者的交易,吸引更多流动性进入。然而,为了能从这种外部性中获益,配对撮合网必须吸引足够的流动性;一旦配对撮合网获得足够的流动性,反过来又会产生一种负外部性,即对于成交速度要求更高的投资者将没有办法区分交易对手是否一样具有较高成交速度的要求,从而有可能被市场挤出。

Daniël、Dönges 和 Heinemann(2006)扩充了 Hendershott 和 Mendelson 的模型。他们主要细化了一些策略理论,从而减少均衡的多种可能性。特别是当配对撮合网和交易商市场共存时,他们将跨市场的竞争刻画成投资者之间的合作博弈。研究结果表明:拥有低(高)的价格波动和拥有高(低)的换手率的资产,会有更大的概率在配对撮合网市场(交易商市场)交易。

Foster、Gervais 和 Ramaswamy(2007)研究了一种典型的撮合程序(crossing procedure),即依据订单交易量的撮合(volume-conditional order-crossing)。在这种机制下,只有股价达到最小临界值时才会触发交易,实现市场出清。他们从理论上评估了这种机制的作用和可行性,并与连续竞价市场进行比较,发现二者并没有很大差别。他们认为,依据订单交易量的撮合对完善连续竞价市场是极其重要的,基于以下两个原因:第一,可以吸引那些认为连续竞价市场即时交易价格太高的投资者;第二,阻止那些需要即时交易的知情投资者。他们证明了如果在传统交易所模式中加入依据订单交易量的撮合交易机制(crossing mechanism),至少可以防范在流动性不足时的市场崩盘。

随后,学术研究重点转移至动态模型,这是因为配对撮合网的重要特征是在不同的交易时间对每个订单进行"匹配",而原生市场同时存在一个可以连续竞价交易的市场。Degryse、Van Achter 和 Wuyts (2009)研究了配对撮合网和交易商市场的联系,他们将重点放在两个市场的订单流量构成和动态变化上,并假设三种信息状态——透明、部分透明以及完全不透明。透明意味着两个市场的投资者在作决策时对过去交易流的情况完全了解;部分透明意味着只有配对"撮合网—订单"是透明的;完全不透明意味着两个市场过去的交易情况不可得。研究结论表明,配对撮合网和交易商市场迎合了不同需要的投资者,具有更多交易意愿的投资者往往会选择交易商市场,而不同交易系统的共存有利于不同透明度要求的订单撮合。

第三节 "暗池"交易对传统交易所流动性的影响

一、"暗池"交易不会对传统交易所流动性造成影响

Gresse(2006)对 Hendershott 和 Mendelson 模型进行实证检验,没有发现配对撮合市场会产生负面影响的结论。她使用2001年两个半年度的英国和爱尔兰市场中型股票的横截面数据检验 ITG 的 POSIT 撮合配对交易对伦敦证券交易所交易商市场流动性的影响。研究结果表明,在她检验的时间段内,POSIT 从传统交易方式中吸引了总市场份额1%—2%的流动性。然而,相应的成交比率非常低,仅有2%—4%。她没有发现 POSIT 对交易商市场的流动性形成不利影响,即交易商市场中的逆向选择风险(adverse selection)和存货风险(inventory risk)并没有显著增加。Fong、Madhavan 和 Swan(2004)使用澳大利亚证券交易所的数据分析了大宗交易在不同交易场所的价格影响(限价订单、配对撮合

网和上层市场)。分析结果表明,配对撮合网的存在并没有对限价订单的流动性产生不利影响,也就不存在流动性从传统交易所流向配对撮合市场的迹象。此外,他们还发现,传统交易所市场中的信息不对称并不是交易流向配对撮合网造成的。Næs和Ødegaard(2006)对单个机构投资者——挪威石油基金(Norwegian Petroleum Fund)进行了为期6个月的跟踪调查。结果显示:该基金有4200个交易订单是首先发送给撮合配对网进行交易的,同时为防止交易不被执行,随后会转送经纪商。这说明,配对撮合网更低的交易成本可能被其交易的低执行概率带来的逆向选择成本抵消。

二、"暗池"交易会带来新的市场分割,降低传统交易所流动性

Conrad、Johnson和Wahal(2003)分析了三个不同的交易平台(撮合配对网、电子通信网络和传统交易商市场)的交易成本(包括隐性成本和显性成本)。他们使用私人数据(proprietary data)观察从1996年1月至1998年1月的59个机构投资者(可以在这三个市场中的任意市场进行交易)约1.6万亿美元股票的交易去向。结果表明,配对撮合网比交易商市场的交易成本更低(大约相差14%—30%),这会将交易者吸引至配对撮合市场进行交易。Degryse、De Jong和Van Kervel(2014)发现,在权益类市场中,公开显示订单簿的交易平台和非公开显示订单簿的"暗池"交易的数量都非常巨大,这种市场分割总体上提升了所有交易平台的流动性,但是降低了传统交易所的流动性,即只在传统交易所发送订单的投资者无法分享市场分割的收益。Kwan、McInish和Masulis(2015)认为传统交易所一般会有价差限制,而"暗池"可以让投资者以越过最小报价单位的限价订单排队,随着更多订单迁移至"暗池",订单执行可能性上升,流动性提升,"暗池"交易会削弱传统交易所的竞争力。

因此，笔者更倾向于认为，"暗池"交易会有损传统交易所的流动性。

第四节 "暗池"交易对价格的影响

"暗池"交易对价格的影响是相当复杂的，因为它们同时影响透明度、不同交易场所订单流的分裂、知情和不知情交易的比例等。

根据美国证券交易委员会（SEC）的定义，配对撮合网可能需要使用原生市场的中间价（或收盘价、成交量加权平均价等）作为成交价格，这将不利于价格发现过程。投资者使用配对撮合网取代传统交易所时也面临权衡：一方面，配对撮合网可以最大限度地减少价格冲击，允许不公开的信息，以及完全匿名的交易；另一方面，相对较低的执行概率意味着投资者需要推迟在原生市场中的交易。配对撮合网中的"投机式"撮合方式会加大市场风险，使投资者因交易延迟损失，而从原生市场得出交易价格的"寄生虫式定价"依赖原生市场的良好运作。

配对撮合网（包括其他"暗池"交易）需要解决以下三个问题（Hasbrouck，2007）：第一，避免价格操纵（price manipulation）。配对撮合网会选择原生市场中任意5分钟（或7分钟）的中间价，立刻确定撮合时间，避免投资者操纵原生市场价格。第二，避免掠夺性交易（predatory trading）。以 Instinet 公司为例，当市场有新的消息公布时，他们会取消可以监测到市场消息订单的撮合。第三，避免信息泄露（information leakage）。配对撮合网只在交易完成后才向市场公布订单信息，这就需要在交易进行中避免信息泄露，如订单指令的大小、类型等。

一、透明度

"暗池"交易和公开场所交易的区别在于交易前的透明度，而交易之后的透明度没有区别。例如,在公开市场,限价指令提交之后会立即被所有市场参与者看到,因此,投资者会修正其基本面价值信念而产生价格影响。如果在"暗池"交易中提交限价指令,除了指令提交者之外没有人能观测这个指令,在交易发生之前,订单就没有包含这个交易指令的任何信息。如果这个指令最后没有执行,市场将永远不知道这个指令。即使指令最终执行,投资者观察到"暗池"指令所提供的市场信息也少于公开市场交易。此外,投资者在公开交易场所可以推断交易方向(交易发起方),因为交易总是在最高买价或者最低卖价执行。相比之下,"暗池"交易可以在价差之间发生,使得市场很难推断交易方向。由于市价和限价指令都传递信息(Rosu,2013;Kaniel 和 Liu,2006),"暗池"交易可能会不利于价格发现。

大部分研究认为透明度对流动性和价格发现是有益的。例如,Pagano 和 Röell(1996)认为在不同的拍卖和经纪人市场,交易前的透明度让做市商从交易中能迅速了解信息,使得不知情交易者得到更为有效的价格,承担更低的交易成本。在 Baruch 模型中,限价指令簿的透明度提高了市场参与者与流动性提供者竞争的能力,既提高了流动性,也促进了价格发现。相比之下,Boulatov 和 George(2003)发现指令的隐藏导致了知情交易者之间更为激烈的竞争,促进了价格发现。实证结果虽然不一致,但他们都倾向于支持交易前的透明度在大多数情况下会促进价格发现。

Eom、Ok 和 Park(2007)认为市场质量是交易前透明度递增的凹函数,也即交易前不透明度递减的凹函数。"暗池"交易增加了交易前的不透明度,因此过多的"暗池"交易会损害价格发现。如果市场质量是交易前不透明度的递减凹函数,较少的"暗池"交易应该不会阻碍价格发现,甚至可能对价格发现起促进作用。

二、市场分割

除了降低透明度之外,自动撮合的"暗池"交易使得订单流动和交易行为割裂开来。投资者填写订单或者选择交易场所时,一般采用智能订单系统,这种割裂对市场质量包括价格发现有正负双向作用。

从正向作用而言,网络外部性有利于提升能力,当越来越多的交易者在同一个市场中,这个市场撮合买卖双方的能力就会提高,交易成本就会降低;同时,流动性的提高会激励套利行为,增加价格信息量(Kyle,1984;Chordia、Roll 和 Subrahmanyam,2008)。O'Hara 和 Ye(2011)研究发现,市场分割会影响所有股票,分割越多的股票的交易成本更低,执行的速度更快;市场分割会伴随更大的短期波动,但是也会有更高的市场效率,市场分割不会损害市场质量。

从负向作用而言,市场分割可能增加搜索成本,降低流动性提供者之间的竞争,从而损害流动性和价格发现效率(Yin,2005)。不过,这种分割也可能加剧交易所之间的竞争,从而降低交易成本,使得市场收益(Foucault 和 Menkveld,2008;Colliard 和 Foucault,2012)增加。

所以,市场分割影响的实证结果并不一致。

三、知情与不知情交易

"暗池"交易会导致知情和不知情订单流动之间的分割。第一,在任何时点,知情交易者比不知情交易者更可能聚集在市场的一个方向(买方或卖方)。因此,知情交易者在"暗池"中的执行概率比不知情交易者的执行概率更低。第二,在包括美国和澳大利亚的一些国家,对"暗池"交易地点的监管要求相对于传统交易所较低,以此挤出包含信息量相对较多的订单流动(Boni、Brown 和 Leach,2012)。第三,"暗池"交易使经纪人内化订单流更为容易。不知情订单流的逆向选择成本较低,其内化比知情订单流给经纪人带来的利润更大。因此,内化可能也会导致大量的不知情交易发生在"暗池"中。"暗池"交易中大量的不知情交易意味着传统交易所知情交易者的集中。因此,"暗池"交易数量的增加可能会导致传统交易所逆向选择成本和买卖价差的上升。

然而,不同的理论认为知情交易的集中可能会促进、阻碍价格发现或者对其毫无影响,这取决于一系列的因素。传统交易所不知情交易者的大量减少可能会降低获得私人信息的概率,从而阻碍价格发现(Kyle,1981,1984,1989)。Ye(2012)认为当知情交易者的股票能够在传统交易所和配对撮合网同时交易时,配对撮合网阻碍了价格发现,尤其是当股票的基本价值有更高的不确定性时。不过,Zhu(2014)认为,如果所有的知情交易者私人信息相同,那么传统交易所不知情交易者信息数量的减少可以促进价格发现。

因此,传统交易所知情交易比例变动对价格发现的影响实证结果并不一致。

第五节 "暗池"交易的发展趋势

笔者从三个视角回顾与展望了"暗池"交易。第一,阐述了"暗池"交易的概念与分类,突出强调其爆发式增长的原因,重点描述作为"暗池"交易最主要类型的配对撮合网。欧洲新的监管环境对"暗池"交易进行了规范,尤其 MiFID 为不同交易场所提供公平的竞争环境之后,配对撮合网将在欧洲呈增长态势。第二,回顾了"暗池"交易的理论研究,早期分析模型以静态为主,近些年以动态模型为主。相比传统交易方式,配对撮合网确实有更低的交易费用,然而当信息不对称存在时,这一差异有可能缩小甚至逆转。第三,介绍了"暗池"交易对传统流动性和价格的可能影响。

"暗池"交易未来会如何发展呢?基于其成功的商业模式和监管环境的优势,"暗池"交易的交易量会进一步上升(以传统交易所市场份额下降为代价)。然而,长远来看,传统交易所、电子交易网络,甚至是"暗池"交易,过于分散的股权市场结构会使得流动性不断从一个市场转移至另一个市场,这样的发展模式是不可持续的。

暗池交易最有可能的发展路径有两条。第一条路径是传统交易所业务模式一体化整合,在获取电子平台的控制权之后,传统交易所设置一种类似"暗池"交易的交易平台,或者传统交易所自身进一步创新交易制度以迎合投资者的不同需求。第二条路径是一些独立财团控制的"暗池"交易进一步发展,形成与传统交易所分庭抗争的格局,这主要是为了内部化做市商自身的订单流,避免不必要的交易费用。上述两条路径哪一条会实现还有待进一步观察。

在国内金融市场,尽管法律上暂不允许对上市公司和期货、期权进行指定场所以外的交易,但目前各地方的平台在大宗商品领域已经有另类交易方式。随着金融改革与市场发展的提速,特别是互联网金融的蓬勃发展,会有更多的互联网企业搭建自己的交易平台以及机构投资者发展机构之间的撮合网络,这势必会与传统交易所形成竞争,类似"暗池"的交易制度或交易平台也将逐渐出现并发展壮大。

 思考题

1. 什么是暗流资金与"暗流机制"?
2. 配对撮合网络和"暗池"交易有哪些异同点?

第七章　欧盟金融市场结构:《金融工具市场指令》带来的开放与竞争

2007年11月1日,欧盟《金融工具市场指令》(MiFID)在欧元区经济一体化背景下正式实施。MiFID有三点监管创新:引入竞争和新兴交易系统、增加市场透明度以及规定"最佳执行"任务。MiFID实施三年多之后,深刻改变了欧盟金融市场微观结构,影响了投资者、投资公司、交易所,促进了统一、有效的欧洲金融市场的形成,降低了交易成本,增加了市场流动性和透明度,保护了投资者利益,最终促进欧元经济区的经济增长。与此同时,在后 MiFID 时代,人们也重新评估和思考对场外交易市场、"暗池"交易系统和市场分割状况的监管政策。

第一节　欧盟《金融工具市场指令》(MiFID)基本概况

MiFID 于 2007 年 11 月 1 日正式实施,其根本目的在于建立一个统一、有效的金融法规体系来监管欧元区域内金融工具的交易行为,这是欧盟金融市场[①]一体化的重要标志。随着 MiFID 陆续在欧盟各成员国转化为本国法令实施,在 MiFID 的统一法律框架下,跨境筹集资本和金融交易更加便利,交易成本降低,市场流动性和透明度增强,投资者利益得到更好的保护,最终促进了欧盟经济的增长。

---

① 根据 MiFID 的定义,金融市场包括股权、货币、利率类等现货及其衍生产品市场。

一、MiFID 颁布的制度背景

金融市场处于经济发展的核心地位。随着欧盟经济一体化程度的加深(尤其是欧元诞生之后)和美国金融市场竞争压力的加大,客观上要求欧盟金融市场日趋开放、竞争愈加充分、资本流动更加便利,这就需要首先从立法上给予保障,确保欧盟金融市场一体化程度向纵深发展。

1999 年,欧盟委员会颁布了《金融服务行动计划》(Financial Services Action Plan,简称 FSAP),建议修订法律(尤其是 1993 年制定的《投资服务指令》)和 40 多项涵盖金融服务领域的法规,寄希望于能够形成统一的金融市场监管法律体系;然而,欧盟复杂的立法程序延缓了这一改革进程。2000 年,欧盟理事会建立了证券市场规范专家委员会,并于 2001 年通过了欧盟的"四级立法程序模式"[①]。随后,MiFID 应运而生,它包括三个依次出台的法律文件:

(1) 2004 年 4 月 21 日,欧洲议会和欧盟理事会颁布的《金融工具市场第 2004/39/EC 号指令》,它是金融工具市场指令的主指令,于 2007 年 11 月 1 日生效。

(2) 2006 年 8 月 10 日,在欧盟证券监管者委员会的协助下,欧盟委员会颁布的《实施 MiFID 的 2006/73/EC 号指令》,它是 MiFID 中关于投资公司[②]组织要求和运作条件的实施细则。

---

① 四级立法程序模式如下:第一级是正式立法程序(制定框架指令),由欧盟委员会、欧盟理事会和欧洲议会完成;第二级是制定第一级框架指令的实施措施,由欧盟委员会、欧盟证券委员会和欧洲证券监管者委员会完成;第三级是各成员国监管机关合作并与欧洲证券监管者委员会磋商,将前两级立法转化为相一致的本国立法;第四级是欧盟委员会对各成员国国内立法与执行情况进行监管。

② 投资公司是指以向第三方提供一项或多项投资服务和/或开展一项或多项专业投资活动为日常职业或业务的法人,类似于中国的金融中介机构。

(3) 2008年3月11日,欧洲议会和欧盟理事会进一步颁布了《修改2004/39/EC号指令的2008/10/EC号指令》,它是MiFID中关于投资公司保存记录的义务、交易报告、市场透明度和金融工具交易准入的实施细则。

MiFID作为欧盟金融服务行动计划的重要组成部分,适用于30个市场[①],旨在将竞争引入原先占据市场垄断地位的各成员国交易所市场,以期建立欧洲统一、有效的金融市场,降低交易成本、提高市场流动性、增加市场透明度、保护投资者利益,最终促进欧元经济区的经济增长。

二、MiFID的监管创新

MiFID界定了金融交易场所,规范了投资公司的设立条件和业务规则、金融市场信息披露和交易规则、监管部门职责与义务等,为欧盟金融市场确立了一个综合监管架构,其核心在于保护投资者利益,其创新之处集中于以下三点:

(一) 引入竞争机制和新兴交易系统

MiFID对现状作出的最大改变是取消了原先《投资服务指令》中规定的"集中规则"条款,即要求中介机构必须在传统交易所市场执行金融交易指令。MiFID通过引入竞争机制,明确规定投资公司可以内部撮合客户指令,从而改变欧盟部分成员国金融市场中仅仅执行"集中规则"的现状,允许金融交易在传统交易所以外的银行和投资公司内部进行。MiFID具体规定了以下三种金融交易场所:

(1) 传统的、受监管的交易所(regulated market),目前仍然是最主

---

① 包括欧盟当时的27个成员和冰岛、挪威、列支敦士登,共30个相分离的市场。

要的交易场所。

(2) 多边交易设施(multilateral trading facilities,简称 MTF),由投资公司或市场经营者运行的多边交易系统,汇集了多方在该系统根据一定规则进行金融工具交易。在 MiFID 出台之前,MTF 作为新型金融交易场所其实已经出现在欧盟立法中,只是当时称为另类交易系统(alternative trading system,简称 ATS)。MTF 作为新兴交易系统,是金融交易电子化、网络化的产物,也是 MiFID 的真正创新,MTF 既可以交易传统交易所市场上的金融工具,又可以交易不在传统交易所市场上的金融工具,其中的代表(Chi-X Europe、BATS Europe 和 Turquoise)已经占据欧盟股权市场前十位中的三席(按交易量计算)。

(3) 系统化内部撮合商(systematic internalisers,简称 SI),即用自己的账户,在传统交易所市场和多边交易设施之外,自行处理客户订单的投资公司。

MTF 和 SI 都属于新兴电子交易系统,其本身在成本结构、市场定位和交易特点等方面有独特优势,具体如下:

(1) 成本结构。新兴交易系统的电子系统对投资者的买卖指令直接撮合,避免向做市商支付价差;新兴交易系统大都允许匿名买卖委托,降低了大额委托因信息泄露产生的市场冲击成本;新兴交易系统使用传统交易所提供的运作环境,但却无须支付交易管理、信息发布等运作成本。

(2) 市场定位。新兴交易系统往往会集中于某些类别的金融工具,以期迅速获得生存所需的临界规模和足够的流动性吸引投资者。

(3) 交易特点。新兴交易系统采用最新的信息技术和数据系统,发展高效的委托传输和撮合系统,交易速度比传统交易所快很多。随着个人投资者不断提高网上交易的频率,新兴交易系统开始延长交易时间,甚至会提供 24 小时的全天候交易。

交易场所竞争机制的引入和新兴交易系统的启用,为投资者多元化①的投资需求提供了更加便利的交易平台,降低了交易成本,但同时也带来了新的市场分割。

(二)增加市场透明度

MiFID将市场透明度分为交易前、交易后两种透明度。

交易前透明度主要体现为履行公开报价义务,即MTF和传统交易所一样,要为公众投资者提供当前金融工具的买入与卖出价格,SI对于同时在本系统和传统交易所交易的金融工具也要提供当前金融工具的买入与卖出价格。

交易后透明度主要体现为履行公开细节义务,即传统交易所、MTF和SI都要公开在其系统交易金融工具的交易量、交易价格和交易达成时间等,使公众投资者及时获悉完整的金融工具交易细节,保护投资者利益。

(三)规定"最佳执行"义务

由于交易场所分割往往导致价格分割,欧盟与美国金融市场中强调"最优价格"不同,MiFID明确规定投资公司执行客户指令时应履行"最佳执行"义务,即投资公司在执行客户指令时,应综合考虑价格、成本、速度、指令执行可能性、规模、性质等多种因素,采取一切合理措施为客户取得最佳执行效果,"最佳执行"的目的在于更好地保护投资者利益。

"最佳执行"具体有三方面的要求:(1)投资公司无论针对何种金融工具和交易场所(传统交易所市场、MTF和SI),都应当建立和实施有效的制度安排,以履行最佳执行任务。(2)投资公司无论实施何种政

---

① 这里"多元化"的含义是:根据MiFID规定,"最佳执行"不一定以成交价格最优作为唯一标准,而是结合价格、成本、速度、指令执行可能性、规模、性质等多种因素综合考虑。这点与美国Reg NMS有很大不同。可见笔者后面分析。

策,都应当事先征得客户同意,在其指令安排或指令政策作出实质变动时通知客户。(3)投资公司应该监督指令安排和指令政策的有效性,适时修正存在的缺陷,并经常评估指令政策是否为客户提供了"最佳执行"结果。

在"最佳执行"规定下,最优价格不一定代表最优结果,而是要综合考虑价格、成本、速度、指令执行可能性以及指令性质等多方面影响因素的相对重要性;在考虑客户类型(零售客户或专业客户)、指令类型、金融工具和执行场所的情况下,上述影响因素的权重也会有所变化。这些改变使得传统交易所、MTF 和 SI 的竞争不仅局限于价格,而是综合各方面的竞争,最大限度满足了投资者多元化的投资需求,保护了投资者利益。

三、MiFID 的实施影响

(一)投资者利益

MiFID 最核心的价值在于投资者保护。MiFID 旨在向金融市场引入透明度,以应对内幕交易和其他交易欺诈,最终实现投资者保护的目标。

MiFID 有关投资者保护的规定分为两类:一是"确保投资者利益"的条款,主要是"最佳执行"的义务要求;二是有关利益冲突、投资建议和信息以及市场透明度要求等条款。"最佳执行"要求投资公司在执行投资者指令时,必须采取合理措施保障最佳执行效果,而其衡量标准不仅仅局限于交易价格,还需考虑执行成本、速度、交易和结算可能性以及其他影响执行效果的因素。在"投资建议和信息"中,MiFID 将客户按照受保护级别由高到低依次分为零售客户、专业客户和合格对手方[①],要求投资公司区分客户类型后评估其对投资产品的适用性。"利益冲突"要求投资公司采取合理措施识别其在提供投资建议或辅助过程中与客户之间或不同客户之间的利益冲突;"市场透明度"要求投资者拥有知情权和最终决定权,即投资公司在代表客户开展业务和决策前须向客户披露利益冲突的性质和来源。

(二)交易所竞争

MiFID对交易所市场竞争产生了深远的法律影响,加速了交易所的并购进程。

欧盟区域中不仅有传统的、受监管的交易所,还有多边交易设施和系统化内部撮合商。MiFID的相关规定——取消"集中交易"、交易前和交易后的透明度要求、"最佳执行"义务,直接或间接地对交易所市场竞争带来影响。取消"集中交易"即废除了投资公司必须在受监管市场中执行客户指令的规则,这使得三类交易场所有了相同的起点,传统交易所不再拥有垄断地位,继而承认了多边交易设施和系统化内部撮合商的合法地位;而交易前、后的透明度要求和"最佳执行"义务为交易所提供了公平竞争的市场环境,进而保障了市场透明度和投资者多元化的交易需求。

(三)投资公司架构

MiFID对投资公司的组织和业务提出了新的法律要求。

MiFID对投资公司的组织要求具体包括:公司治理、利益冲突防范管理、业务职能外包等。"公司治理"要求投资公司采取的治理结构和管理安排能够足以防范损害客户利益的行为发生。"利益冲突防范管

---

① 合格对手方是指规范的金融机构和中央政府公共机构,也属于专业客户的范畴。

理"要求投资公司的公司治理能够按照合理步骤来识别可能发生的各类利益冲突。"业务职能外包"是指投资公司可以将由其自身进行的程序、服务或活动转移给服务提供者执行,但投资公司在拥有自由外包权利的同时,也应当承担相应的外包责任。

MiFID对投资公司的业务要求主要是指"最佳执行"原则,而最佳执行的价值不仅体现在投资公司和客户的微观层面,更是涉及市场层面——市场运行效率与质量。

(四)市场微观结构

MiFID对欧盟金融市场微观结构产生了一定影响,主要体现在市场运行质量提高(买卖价差、市场深度、交易执行时间等流动性指标),交易成本降低(为原先的25%—90%)、股权融资成本降低、投资者单笔交易订单规模明显减小,算法交易增多、"暗池"交易系统开始大量使用。

(五)宏观经济增长

MiFID对欧盟金融市场乃至宏观经济的增长产生了深刻影响。电子交易平台的兴起、多边交易设施和系统化内部撮合商的规范、内部撮合指令的实现,在给传统交易所带来竞争压力的同时,通过市场透明度的增加降低了交易成本,使得金融市场更加有效地配置资源,进而达到保护投资者的根本目的,而MiFID实施后的资源有效配置也的确为欧元经济区经济带来了0.7%—0.8%的GDP增长。

(六)市场整合与分割

MiFID一方面整合了欧盟各成员国原先相对独立的金融市场,另一方面引入新兴交易系统也带来了新的市场分割。如果没有法规与地域的限制,当投资者需求相对一致时,由于规模经济和网络外部性特点,交易场所之间的自由竞争将导致自然垄断的市场格局;但是,当投资者有非常多元化的交易需求时,自由竞争将会带来市场分割的局面,这也是 MiFID 实施后的欧洲交易场所存在激烈竞争和分割的深层原因,即投资者结构问题。

四、MiFID 的最新进展

MiFID 于 2004 年颁布、2007 年正式实施,其后又经历了 2008 年全球金融危机和经济逐步复苏的复杂过程,欧盟监管者也在实践中不断跟踪 MiFID 的实施执行效果和存在的问题,并计划进行有关修订。

(一) MiFID 对场外交易市场的监管缺失

MiFID 将竞争引入场内交易场所后,传统交易所和多边交易设施之间的竞争的确带来了技术创新、交易费用的降低、市场质量(买卖价差、市场深度等流动性指标)的提高,最终保护了投资者利益。与此同时,场外交易市场(以下简称 OTC 市场)从先前的电话沟通交易转向电子配对交易,这降低了人工误差,提高了交易速度和质量;然而,MiFID 却没有考虑到 OTC 市场中交易方式与投资者行为的变化。

实践中,有些投资公司注册为系统化内部撮合商,而交易却发生在 OTC 市场,并已经占据欧洲股权市场交易量的 40%。MiFID 原先认为 OTC 市场上主要进行有特殊交易要求、批发类交易对手方、高于市场标准规模、在 SI 之外系统交易的大规模交易,所以 OTC 市场可以最大限度降低交易带来的市场冲击成本;然而,现实情况却是 OTC 市场中的交易规模往往低于市场标准规模、不会对市场价格产生显著影响,于是 OTC 市场中交易与场内交易并无明显差异,但其又不受 MiFID 的法规监管,因此 MiFID 对 OTC 市场存在监管缺失。2008 年的全球金融危机正是发源于 OTC 市场,现实情况需要欧盟监管者进一步思考如何更好地监管 OTC 市场。

(二) MiFID 对"暗池"交易系统的监管缺失

MiFID 将交易场所分割后,使得交易场所市场竞争日益激烈、交易技术愈发重要,造成每笔订单的规模变小,市场参与者对于交易前和交易后的数据更加敏感。出于对交易中信息泄露的担忧,机构投资者开始广泛地使用"暗池"交易系统,即撮合未公开显示订单的交易平台。"暗池"交易系统的实质是一个"非公开的流动池",原先主要是为机构投资者大宗交易提供匿名的"批发市场",其目的是防止机构投资者交易信息泄露和降低订单对市场的冲击。然而,当"暗池"交易系统的比重日趋上升时,对"暗池"交易的监管日益重要,尤其是对其价格发现效率、透明度和市场公平性的重新评估。

例如,配对撮合网(broker dealer crossing networks,简称 BDCN)是"暗池"交易系统的一种,它在 OTC 市场上并没有自己独特的交易模式,仅仅将 OTC 市场看作传统交易所、MTF 和 SI 的业务延伸与拓展,但其在 OTC 市场上又不用执行 MiFID 对前三个交易市场透明度的监管要求。MiFID 对不同交易场所执行公平原则,而 BDCN 却可以让市场参与者(买方、卖方和对冲基金等)有选择客户的渠道,这就使得流动性不再基于公平原则,造成了投资者"歧视"和分类,特别当 BDCN 的市场份额越来越大时,对其监管愈加重要。

(三) MiFID 带来新的市场分割

MiFID 在整合欧盟各国金融市场的同时,通过将竞争引入交易场所市场带来新的市场分割。从保护投资者的角度,市场分割是有副作用的。市场分割使得单个金融工具的供需情况被分散在多个交易中心内,即流动性分散,其结果降低了整个市场的流动性、透明性和定价效率,进而损害了投资者利益,影响了金融市场资本配置的功能。MiFID 正在进一步分析这种副作用是否影响欧盟金融市场。

第二节 修订的欧盟《金融工具市场指令》(MiFID Ⅱ)改变金融市场竞争格局

作为欧洲金融基础设施建设的重要组成部分，欧洲议会和理事会于2014年4月15日正式通过了修订的欧盟《金融工具市场指令》(MiFID Ⅱ)，寄希望于通过建立更加完善、有效的市场竞争结构，增加市场透明度，加强对算法交易和高频交易的监管，加强对商品衍生品市场的监管，进一步保护投资者权益等新措施，来建立一个更加安全、透明和有效的金融市场体系，更好地服务实体经济。

一、MiFID Ⅱ 的制定背景

2007年11月1日，MiFID正式实施，这是欧盟金融市场一体化的核心支柱。MiFID建立了对银行和投资公司提供金融产品的投资服务的监管框架，也制定了对市场运营者运作的监管框架，其目的是加强欧盟金融市场的一体化、提高竞争力和效率。

然而，MiFID生效之后，金融工具交易场所之间的竞争日益加剧，特别是在2008年全球金融危机后，先前未曾考虑过的问题都暴露出来。首先，竞争加剧在降低投资者成本的同时也带来了市场分割，使得交易环境更为复杂，特别是在数据搜集和透明度方面更是如此。其次，市场和技术的发展如高频交易的发展超越了MiFID覆盖的范围，交易场所之间的透明度、公平性受到挑战。再次，对于股票以外的金融工具，特别是机构之间交易的场外市场产品监管处于空白。最后，金融工具的创新加速和日益复杂需要更高水平的投资者保护。

MiFID Ⅱ 的目标是建立一个更安全、可靠、透明和尽责的金融体系，这也是建立更为一体化、高效和富有竞争力的欧盟金融市场的保证,最终达到金融市场服务实体经济、增加就业的目的。此外,根据 G20 峰会对监督和透明度不够的部分金融体系加强监管的决定,提高各类市场的组织、透明度和监管水平,特别是对各类场外工具的监管,MiFID Ⅱ 也是一个必要的工具,它补充了欧盟关于场外衍生品、中央对手方和交易存托机构的立法建议。MiFID Ⅱ 也对包括商品衍生品的监管和透明度提出了新的要求,以保证其风险规避和价格发现的功能。

二、MiFID Ⅱ 的制定过程

为了弥补欧盟不同成员国国内规定之间的不一致,MiFID Ⅱ 分为两个部分:一个规则(MiFIR,即《金融工具市场监管条例》)和一个指令(修订原先的 MiFID)。MiFIR 规定了针对公众的交易透明度数据和针对监管者的交易数据披露要求,衍生品在有组织场所交易的强制要求,对金融工具和衍生品头寸的特别监管规定以及第三国公司不设立分公司下的经营范围等。指令则对如下方面进行了修订补充:投资服务提供、目前指令豁免范围、交易场所的组织规定、数据服务提供商的授权和义务、合格监管部门的制裁权利、第三国公司设立分公司的相关规则等。

MiFID Ⅱ 经过了主要相关方包括监管机构、市场参与者(发行人和投资者)的广泛讨论,在 2010 年 12 月 8 日到 2011 年 2 月 2 日之间进行了公众咨询,还参考了由欧洲证券和市场管理局(ESMA)发布的文件和技术建议。此外,修订过程还起用了两个外部咨询项目,包括市场活动数据搜集项目和成本效益分析项目。

2011 年 10 月 20 日,欧盟委员会结合欧盟金融市场的真实运行情况,以提升投资者信心和完善 MiFID 监管理念为目的,正式颁布了 MiFID Ⅱ 草案,将其作为金融基础设施建设的重要组成部分,并致力于建立一个更加安全、透明和有效的金融市场体系。

2014 年 4 月 15 日,根据欧盟立法程序,经过欧洲议会和理事会的协商,MiFID Ⅱ 连同必要的实施技术细节规定在同一天生效。

三、MiFID Ⅱ 的主要内容

MiFID Ⅱ 的主要内容集中在以下六个方面:

(一)建立稳健、有效的市场结构

MiFID 的监管范畴包含三类场内交易场所:传统的、受监管的交易所,多边交易设施,系统化内部撮合商。然而,与场内交易市场相对应的场外市场并未纳入 MiFID 的监管范畴。MiFID 原先认为场外市场可以最大限度降低交易带来的市场冲击成本,故不再对其专门监管,然而现实情况却大相径庭。大部分场外市场中的交易规模并没有显著高于市场标准规模,即使将其纳入场内市场交易也不会对市场价格造成冲击,真实的场外市场正在"变质"——包含一部分具有场内特征但又不受监管的交易,这既降低了市场价格发现效率、损害了投资者利益,又有悖于 MiFID 的核心价值。

MiFID Ⅱ 希望所有交易都能够在受监管的场所中进行,致力于改变先前对场外市场中类似于场内交易部分的监管疏忽,重新定义一种新型交易场所(organized trading facility,简称 OTF),并将其纳入与场内交易场所相同的监管范畴。OTF 的涵盖范围很广,包括投资机构之间的交易平台(如配对撮合网)、场外市场中标准化衍生品的交易平台等,只有基于特殊目的的股票、债券交易和非标准化的衍生品交易会放在不受监管的场外市场。因而,MiFID Ⅱ 监管的交易场所包括了传统交易所、MTF、SI 和 OTF。为了保持 OTF 的中立性，MiFID Ⅱ 对其资本金运用等都有严格限制。MiFID Ⅱ 的理念特别强调交易需要在一个受监管的平台上进行，确保交易对手能够履行相应的责任，不仅对于传统的股票交易，对于在《欧洲市场基础设施监管规则》(European Markets Infrastructure Regulation，简称 EMIR)框架下清算且有足够流动性的衍生品也有此类要求。同时，投资公司必须授权成为多边交易设施，才能通过其内部匹配系统执行客户的股票、存托凭证、交易所交易基金等类似金融产品的订单。

关于场外衍生品方面，根据 G20 峰会将所有标准化的场外衍生品合约放到交易所或电子交易平台的要求，MiFID Ⅱ 要求所有符合结算要求并有足够流动性的衍生品必须在受监管市场、MTF 或者 OTF 交易。欧洲证券和市场管理局(ESMA)对一个符合结算要求的衍生品在什么情况下具备足够的流动性进行评估，以便到各类有组织的场所交易。

与此同时，MiFID Ⅱ 不再将市场竞争局限于交易场所，也在类似清算业务这类交易后服务中引入竞争，并扩展到场外和场内各个金融工具，最终为投资者提供更好的服务。例如，尽管垂直的清算模式有利于交易与其他产品设计环节的沟通，但却会有损效率和市场竞争的公平，MiFID Ⅱ 要求每个交易场所都向清算机构平等地开放数据，这样使得清算机构可以为不同的交易场所提供清算等交易后服务，从而带来交易后领域的市场竞争。MiFID Ⅱ 对可互换性(fungibility)也提出了更高的要求，即让更多的产品能够实现在不同交易场所之间的交易和清算，从而实现不同市场之间按照净额或组合的清算模式。

鉴于中小企业对欧洲市场经济增长和就业的巨大贡献，而传统的银行与金融市场却对其融资有诸多约束，MiFID Ⅱ 以 MTF 为载体，建立了专门针对中小企业融资的市场，以实现保护投资者权益和满足实体经济需求的目的。

(二)增加市场透明度

指令驱动市场中交易前透明度的重要性大于交易后透明度,所以MiFID对传统交易所、MTF和SI这三类指令驱动市场中交易前透明度的要求较为严格。MiFID认为场外市场中的交易大都是非标准化合约以满足投资者个性化需求,做市商在场外市场中起到了基础性的作用(撮合成交与提供流动性),是一个典型的报价驱动市场(报价驱动市场交易后透明度的重要性大于交易前透明度),所以MiFID对场外市场不再要求交易前透明度,但仍然会要求交易后透明度,只是时间上可以有所推迟。然而,当电子化交易在场外市场中大量使用后,交易方式逐渐从双边交易的做市商制度转向多边交易的竞价机制;场外市场中交易的产品也不再是非标准化合约,诸如固定现金收益和即期外汇合约等标准化合约开始大量交易;传统的以做市商为主的报价驱动的场外市场显示了指令驱动市场的特征。

于是,MiFID Ⅱ重新审视针对场外市场中有关透明度的监管措施,要求场外市场与场内市场一样,都要满足交易前透明度的监管要求,同时对所有债券、有招募说明书的结构性金融产品、有中央清算的衍生品和用于贸易结算的衍生品等制定更为细致的交易后透明度的监管要求。与此同时,MiFID Ⅱ在提高股票市场透明度的基础之上,第一次为非权益类市场(如债券市场和衍生品市场)建立了透明度的披露原则,拓展其交易前与交易后的透明度要求,尽管没有权益类产品那么严格,但毕竟走出了第一步。具体而言,交易前透明度豁免仅适用于大额订单交易、报价及语音交易申请,此时,交易场所只需公布最优买卖价格;交易后透明度对所有的金融工具适用,但存在酌情推迟或是不公布的可能性。MiFID Ⅱ明确了各类交易场所的职责,使得交易前、交易后数据可以在一个适当的商业基础上获得,以及为交易后数据建立统一的记录机制,以达到有效整合和合理披露交易数据的目的。

此外,近些年来,投资者开始广泛地使用"暗池"交易系统(如BDCN)——撮合未公开显示订单的交易平台,它可以分别在MTF、SI和场外市场中作为投资者的交易平台。在MiFID的框架下,"暗池"交易系统可以分为两类:一类是适用于交易所和MTF中避免披露交易前信息的"暗池"交易系统,另一类是由做市商使用的"暗池"交易系统,这两类都无需披露交易前的价格、交易量等信息。MiFID Ⅱ则加强了对上述两种"暗池"交易系统的监管,尤其是对其中的豁免条款增加了更为细致的认定,而豁免条款必须要能够证明其不会影响公平竞争和价格发现效率。

MiFID Ⅱ也提高了对于市场数据质量和连续性的要求,同时降低市场数据的获取成本,特别是一些整合后的、完整的交易数据将会被投资者获悉,从而有利于投资者交易,最终提高市场价格发现的效率。

(三)监管高频交易和算法交易

高频交易和算法交易在提高市场交易效率的同时,也带来了新的风险,包括对市场冲击成本的影响、公司重大事项公布时股价异动、海量订单对交易系统的冲击等。MiFID Ⅱ明确限制高频与算法交易的发展,使其受到适当的监管,并引入一系列安全保护措施,一方面针对使用高频交易和算法交易的市场参与者;另一方面也针对发生高频交易和算法交易的交易场所,具体包括:

(1)要求各种算法交易商将策略向监管者报告,交易场所会员在为高频算法交易商接入市场时要加以更严格的检查。目前,监管者不清楚高频交易商使用何种策略,通过哪种策略产生交易指令,交易场所会员也可能对于使用他们系统的交易商的策略不加检查。

（2）交易场所被要求对诸如非正常交易、过度价格波动和系统超载加以强有力的控制。为避免系统负载过大，对市场参与者每次交易发出的指令应加以限制，同时对交易场所通过降低报价单位或设计收费系统来吸引指令流也须加以限制。另外，对下单成交比和最小波动价位也须加以明确。

（3）算法交易商被要求连续交易，以降低价格波动，使得交易更加有序。

（4）交易场所被要求在熔断机制上更加协调。

（5）使用高频交易和算法交易的投资者必须注册为投资公司，并建立相应的风险管理体系，尤其是要保证高频交易商和算法交易商在做市交易时能够起到提供流动性的作用。

（四）加强监督权力

为了满足G20峰会的各种监管要求，MiFID II加强了监管者的角色和权力。在某些特定产品、服务或做法有可能威胁投资者保护、金融稳定和市场正常运行时，通过欧洲证券和市场管理局协调，监管者可以对这些产品、服务和做法加以禁止。投资公司被要求向监管者报告所有在受监管市场上允许交易的金融工具的交易情况，不管这些交易在何处发生。这套交易报告系统将使得监管者可以监督投资公司的行为，帮助监管者来确保投资公司行为符合MiFID规定，并监督这些行为不违反《市场滥用指令》(Market Abuse Directive，简称MAD)。

此外，MiFID II寄希望于各国借助G20峰会达成的共识，加强对商品衍生品市场的监管力度和市场透明度，尤其是对衍生品交易履约责任的强调，具体包括：

（1）在所有有组织的交易场所，根据交易者类型公布头寸报告以增加市场交易的透明度。这一分类信息将帮助监管者和市场参与者更好地评估这些市场的资金流的角色。

（2）赋予各国证券期货监管机构相协调和更综合的权力来监督和必要时干预商品衍生品交易全过程的活动，包括在市场完整性和有序运作遭到威胁时对商品衍生品头寸限额的权力。提供商品衍生品交易的场所被要求对活跃交易者的行为加以合适的限制，通过适当的技术手段来保证市场完整性和效率。

（3）只有当企业不隶属于金融控股集团时，当企业利用商品衍生品进行自身财务管理或为自身非主营业务提供投资咨询业务时，MiFID Ⅱ才给予其一定程度的豁免权。

（4）MiFID Ⅱ对于其他衍生品市场增加交易前和交易后透明度的监管要求同样适用于商品衍生品市场。

（五）增加投资者保护

MiFID中已经包括一系列旨在提供投资服务时保护投资者的措施。这些措施考虑了服务的类型（如是投资建议还是执行指令）、客户的分类和给予零售投资者更多的保护。MiFID中既包括商业行为要求（如搜集足够的信息来保证提供的产品对客户是适合的），也包括组织要求（如识别和防范利益冲突）。

MiFID Ⅱ进一步加强了对投资者的保护，具体内容包括：

（1）MiFID Ⅱ在MiFID基础之上，将投资者利益保护范围进一步扩大到之前没有覆盖的更多金融产品、金融服务和金融机构。

（2）加强商业行为准则以更大限度地保护投资者利益。投资建议方面的规则不论是在独立性方面和长期性方面都要加强。尤其是在开展资产管理、投资咨询和结构性金融产品销售等业务时，基金经理或咨询师禁止从第三方获取佣金。

（3）加强为投资者提供业务的组织要求，尤其是投资公司的公司治理和管理层责任。

(4) 加强行政执法力度以达到保护投资者权益的目的。

(六) 针对非欧盟企业的制度安排

MiFID Ⅱ希望在欧盟能够形成统一市场,并且各成员国能够发出同一种声音。

MiFID对非欧盟国家企业并不适用,然而,MiFID Ⅱ希望这些企业也能执行新的法规。欧盟委员会建立了非欧盟国家企业能够顺利进入欧盟金融市场的统一制度,这个制度是建立在该国司法管辖区有效性评估基础之上的。该制度只适用于跨境投资服务和一些能够提供专业对手方的商业活动。在过渡期的三年和等待欧盟委员会评估期间,第三国制度可以继续使用。

 思考题

1. 请简述 MiFID 的基本框架。
2. 请简述 MiFID Ⅱ 的基本框架。
3. 请比较 MiFID 和 MiFID Ⅱ 的异同。
4. 如何理解 MiFID 带来了市场竞争?

第八章　美国证券市场结构:《全国市场系统规则》带来的市场分割与整合

2007年,美国《全国市场系统规则》(Reg NMS)正式实施。Reg NMS以保护投资者利益为核心,将引入公平竞争作为解决证券市场结构性矛盾的方法,规定了指令保护规则、访问规则、亚美分规则和市场数据规则,力求在公平性和市场效率之间达到新的平衡。Reg NMS深刻影响了传统交易所和另类交易系统的生存状态,在一定程度上统一了金融服务市场,建立了证券市场的规范化框架,提高了经济资源配置效率;然而,Reg NMS以最优价格作为唯一最佳执行标准,无法满足投资者多元化的交易需求,带来了新的市场结构问题。

第一节　Reg NMS 的制度背景

证券市场具有三大基本特征:网络效应[①]、公共产品[②]和流动性[③],而技术发展、市场竞争和监管政策是证券市场结构演进的三大驱动因素。

2007年正式实施的 Reg NMS 正是在技术发展和市场竞争的新情况下出现的监管政策变化,而它反过来又促进了技术发展和市场竞争,具体而言:

[①] 随着证券市场参与者的增多,网络规模效应会增大,证券市场功能得到充分发挥。
[②] 证券市场交易具有外部性,尤其是价格发现机制为资产定价和资源有效配置提供基础。
[③] 无论证券市场交易情况如何,都需要保持流动性以维持市场质量,并保证价格发现机制。

（1）Reg NMS 深刻影响了美国证券市场中的三类交易场所（证券交易所、证券交易商与另类交易系统）的生存状态。

（2）Reg NMS 补充了 1934 年《证券交易法》第 11A 部分的相关规定，具体是：指令保护规则（Order Protection Rule，Rule 611）、访问规则（Access Rule，Rule 610）、亚美分规则（Sub-Penny Rule，Rule 612）和市场数据规则（Market Data Rules，Rule 601 和 Rule 603）。

（3）Reg NMS 以保护投资者利益为核心，引入公平竞争作为解决证券市场结构性矛盾的方法，通过利益相关者的激烈博弈，在公平性和市场效率之间达到新的平衡，这在一定程度上促进了金融服务市场的统一，建立了证券市场的规范性框架，提高了经济资源配置效率；然而，Reg NMS 以最优价格作为唯一最佳执行标准，无法满足投资者多元化[①]的交易需求，这在一定程度上妨碍了 Reg NMS 的实施效果和功能发挥。

一、20 世纪 70 年代前的美国证券市场结构

20 世纪 70 年之前的美国证券市场结构处于自然演进状态。1933 年《证券法》和 1934 年《证券交易法》主要监管信息披露和市场操纵，并未涉及证券市场结构。根据《1938 年马罗尼法》，即 1934 年《证券交易法》第 15 章 A 部分的修正案创立的自律组织——证券交易商协会（NASD），确立了美国证券市场监管的三层架构：立法机构（国会）、政府机构（美国证券交易委员会（SEC），对国会负责）和自律组织（交易所、NASD 等）。

在自律组织中，纽约证券交易所[②]是这一时期美国最大的证券交易

---

① 这里"多元化"的含义是：投资者不一定以成交价格最优作为唯一标准，而是会结合价格、成本、速度、指令执行可能性、规模、性质等多种因素综合考虑。

② 美国证券市场包括三家全国性交易所（纽约证券交易所，简称 NYSE；美国证券交易所，简称 AMEX；纳斯达克，即全国证券交易商协会自动报价系统，简称 NASDAQ）、五个地区性股票交易所和另类交易系统（ATS）。

所,1973年的交易量和市值分别占据全美交易量和市值的74.93%和82.07%。然而,由于交易所产业的自然垄断性,NYSE利用垄断地位收取了固定佣金费率,[①]损害了投资者利益,妨碍了公平竞争与经济资源的有效配置。

二、1975年建立的全国市场系统(NMS)

1975年,美国国会通过了对1934年《证券交易法》的重要修订,其中第11A部分(Reg NMS的前身)首先取消了证券交易所的固定佣金费率,[②]其次授予美国证券交易委员会(SEC)建立证券交易"全国市场系统"(NMS)的职责,以解决当时投资者在不同交易所或市场购买相同股票时价格差异较大的问题,其目的在于建立统一的金融服务市场,克服市场分割带来的效率降低,这也标志着监管政策开始影响证券市场结构,美国的监管体系从分散监管走向统一监管。

NMS的立法理念在于引入市场公平竞争,具体包括:(1)所有交易中心有机会和NYSE竞争;(2)所有投资者有机会以市场最优报价执行订单。

NMS的四个具体目标是:(1)合理的交易成本;(2)经纪商、自营商和市场间的公平竞争;(3)报价和交易信息的广泛获取与便利;(4)在保持效率、最佳执行和无须经纪商参与的情况下,为投资者的委托订单提供交易机会。然而,上述看似完美的定义在实践中并不清晰,甚至有着内在冲突,例如,最佳执行难以准确定义(如价格与速度谁应该优先考虑),报价透明导致另类交易系统可以利用交易所价格发现过程"搭

---

① 1792年,24家经纪商签订了著名的"梧桐树协议",同意限制场外交易和设立最低固定佣金。
② 放松交易佣金费率的改革总体上是成功的,但佣金收入减少后,经纪商在开展经纪业务的同时增加了自营业务,带来了新的利益冲突。

第八章 美国证券市场结构:《全国市场系统规则》……

便车"等诸多问题。

实施 NMS 之后,美国证券市场逐步形成了两个统一市场,一个是以 NYSE 为主导的全美市场系统,另一个是 NASDAQ 全国市场系统,两者的监管规则并不相同。以 NYSE 为主导的全美市场系统是一个以人工交易为主的"慢"市场,主要基于 ITS,即市场间交易系统(the intermarket trading system,简称 ITS)。ITS 基于自愿原则,联通了美国两大全国性交易所(NASDAQ 除外)和五个地区性交易所,使得美国证券市场有可能为投资者提供全美最佳买价和卖价的交易信息,并将订单发送到更好的市场中执行以避免穿价交易;①其中的 CTA、CQ 计划,即统一证券行情协会(consolidated tape association,简称 CTA)和统一报价计划(consolidated quotation,简称 CQ),目的在于公开市场信息使得投资者知道交易前和交易后的价格信息。然而,ITS 未能如设想的那样发挥作用,原因之一是 ITS 实际上保留了 NYSE 市场的核心角色,即允许或迫使经纪商委托进入 NYSE 市场寻求最优成交价格后,才能转移到其他市场达成交易;原因之二是 ITS 未提供自动执行委托,交易订单有时需要等待 30 秒钟才能交易,结果 ITS 成为事实上的信息中心;原因之三是 ITS 的修订需要全体成员一致通过,烦琐的程序阻碍了系统完善和技术更新。与 NYSE 市场相对应,NASDAQ 全国市场系统是一个以电子化交易为主导的"快"市场,主要是 OTC、UTP② 计划,即所有交易中心和报价中心(证券交易所、NASD 和电子交易平台等)必须把在 NASDAQ 全国市场(NNM)和小型资本市场(SCM)中交易的上市证券数据统一处理并达成交易。于是,NYSE 和 NASDAQ 形成了美国证券市场中的双

---

① 例如,交易所 A 目前的最佳买入价是 10 美元,交易所 B 的卖出委托不允许低于 10 美元;如果低于 10 美元,应将交易所 B 的买入价调整为 10 美元,或将委托转移到交易所 A 以 10 美元成交。

② 即未上市交易特权(unlisted trading privilege,简称 UTP)。

寡头。NYSE由于市场垄断地位使得技术创新动力不足,而NASDAQ的电子交易网络系统发展迅速,开始动摇NYSE的市场垄断地位。

NMS最重要的作用在于建立了一个相互连接的、多中心的美国证券市场结构体系,但是NMS忽略了投资者交易需求的多元化,例如,有的投资者希望交易迅速,而如果将需要快速成交的订单传送到速度缓慢的NYSE市场中执行,这虽然维护了NYSE市场在美国证券市场中的主导角色,却损害了投资者利益,尤其在电子化交易迅速发展后,上述问题更加突出;有的投资者希望最小化市场冲击成本,这在NMS的框架下无法实现,于是"暗池"交易系统应运而生,投资者选择了在NMS监管之外的系统完成交易,这就带来了新的市场分割。总的来说,在形成全美统一金融市场的过程中,自动交易和人工交易促成了快、慢两个市场,使得NMS建立统一金融服务市场的目标并未真正实现。

三、21世纪初实施的 Reg NMS

在随后30年的时间里,NASDAQ和ATS继续迅猛发展,并占据相当大的市场份额,IT技术的发展使得交易进入毫秒竞争时代,投资者的指令流呈现分散态势。虽然分散的指令流活跃了市场,但从市场微观结构而言,处于不同市场的买入和卖出指令未能最佳配对,市场将无法对资产合理定价和引导资源最优配置。基于证券市场结构的新变化,尤其是与证券市场新技术发展水平相适应,SEC在2004年于证券行业内公布了Reg NMS,旨在强力推进证券市场统一和交易指令互动。2005年,Reg NMS在SEC的会议上以3∶1的投票结果通过。2007年,Reg NMS在美国正式实施。

Reg NMS的核心理念是引入指令竞争和交易场所竞争,证券市场要为投资者提供整个市场的最佳价格,或使交易转移到能够提供更好报价的市场上完成,新规则主要保护了中小投资者的利益(尤其是长期投资者),使其能够获得更优的交易价格。

Reg NMS 的主要内容补充了 1934 年《证券交易法》第 11A 部分的相关规定,具体有四部分:(1)解决不同交易中心竞争问题的指令保护规则;(2)解决单个市场与其他市场连接问题的访问规则;(3)解决市场流动性和交易成本问题的亚美分规则;(4)解决交易数据信息收入问题的市场数据规则。

Reg NMS 的颁布与实施标志着 SEC 在 NMS 的基础上进一步强化了市场联通。相比基于自愿原则的 ITS,Reg NMS 强制实施了避免穿价交易规则,严格执行了最佳执行机制,强化了市场间的连接。Reg NMS 迫使人工交易市场转向电子化交易市场,也为经纪商推出电子交易系统提供了法律依据。NYSE 和 NASDAQ 纷纷选择兼并收购电子交易系统(electronic communication network,简称 ECN)以完善交易所的电子交易系统,电子交易系统的普及成为美国证券市场转型的趋势。

ECN 是附属于 NASDAQ 做市商制度发展起来的新型交易系统。1994 年,William Christie 和 Paul Schultz 在《金融学期刊》上发表论文研究了 NASDAQ 做市商通过合谋以保持高价差的现象,引起了美国司法部和 SEC 的进一步调查,并导致了集体诉讼。1997 年,SEC 制定了新的委托处理规则,要求 ECN 必须参与场内交易并与其他交易平台联通,这使得 ECN 迅速发展成为 NASDAQ 的交易撮合中心。ECN 将买卖盘通过连续竞价进行直接配对,其优势有三:(1)节约了物理空间,突破了地理局限;(2)将买者与卖者直接相连,这并不直接影响最后的价格形成与发现,仅仅在报价过程中有所影响;(3)具有更小的买卖价差,即较好的流动性。ECN 使得传统的做市商制度具有了委托驱动的特点,重新界定了交易所的定义,为新兴交易系统的兴起提供了法律基础。

从美国证券市场结构变迁的角度而言,Reg NMS 使得电子化交易市场成为主导趋势,人工交易模式逐渐消失;市场间竞争不再局限于同一市场的不同参与者,而是拓展至不同市场间的竞争,技术优势愈加重要,交易的低延时性和数据服务正在成为交易场所新的核心竞争力;Reg NMS之后,美国证券市场形成了以集中监管为主、市场自律为辅的监管体系。

Reg NMS以保护投资者利益为核心,通过引入公平竞争在公平性和市场效率之间达到新的平衡,这在一定程度上促进了金融服务市场的统一,建立了证券市场的规范化框架,提高了经济资源配置效率。然而,由于Reg NMS以最优价格作为最佳执行义务的唯一目标,仅能满足部分投资者的交易需求,还有大量以最快成交速度、减少冲击成本等为目标的投资需求无法满足,尤其是随着高频交易者(其行为对证券市场的影响还不清楚)的迅速发展,Reg NMS之后的市场质量变化尚无定论,甚至有研究发现,美国证券市场在Reg NMS之后有效买卖价差扩大,订单深度降低,交易成本增加,总体市场质量变差(Chung和Chairat,2010)。

第二节 Reg NMS的监管创新

一、最佳执行

Reg NMS关于最佳执行的规定主要体现为指令保护规则(Order Protection Rule,Rule 611)——以保护投资者获得交易中心自动执行报价所能达到的最优价格为基本原则,旨在解决不同交易中心的竞争问题。

指令保护规则保护了投资者的限价委托单交易,增加了市场流动性,尽量避免穿价交易。具体内容包含两部分:(1) Rule 611(a)(1)要求各交易中心①建立、维持和执行合理的政策与程序以避免穿价交易,进行跨市场保护;(2) Rule 611(b)(4)规定仅对自动报价(自动交易中心中对委托单提供立即回应)提供保护,而对人工报价无法提供保护,即电子化的"快"市场不允许穿价交易,而交易大厅场内人工交易的"慢"市场允许穿价交易。

然而,Reg NMS 并没有禁止穿价交易,而是要求各交易中心尽量避免穿价交易;同时,只有位于委托单最高档的报价可以得到保护,比如,市场 A 中交易者的委托单以 10.10 美元买 200 股、10 美元买 300 股某股票,市场 B 中交易者的委托单以 10.10 美元买 100 股、10.05 美元买 1000 股该股票,当交易者将"以 10.00 美元卖 500 股"的指令发送到市场 A 时,成交结果是在市场 A 以 10.10 美元成交 200 股、在市场 B 以 10.10 美元成交 100 股、在市场 A 以 10.00 美元成交 200 股,而市场 B 的 10.05 美元买 1000 股的报价并没有得到保护,因为它不是市场 B 委托单的最高报价。如果市场 A 的交易者仍想继续完整执行委托单中的第二档价格,则要专门申请扫架订单(intermarket sweep orclers,简称 ISO),ISO 也是一种限价订单,它要求交易中心迅速执行订单而不考虑其他市场的更优价格,这主要是为信息交易者执行大额订单时提供的一种有效执行方式。由此可见,指令保护规则也无法保证投资者总能以最佳价格成交。

Reg NMS 的最佳执行要求强调价格优先,并提出了全国最佳报价(the national best bid offer,简称 NBBO)的概念。如果某个交易中心不能以最佳价格执行指令,而其他竞争交易场所提供自动报价,则交易中心应当将指令传送到能提供更好报价的竞争交易场所,即交易中心直接

---

① 包括全国证券交易所、交易所专家、ATS、OTC 做市商、巨额资金持有人。

负责以可能的最佳价格成交的职责。

二、透明度

Reg NMS 关于透明度的规定主要体现为访问规则和亚美分规则。访问规则旨在解决单个市场与其他市场的连接问题,而亚美分规则关系市场流动性和交易成本问题。

访问规则通过要求公平获得报价[①]、设置访问费用限额[②]来协调不同交易中心的定价,并要求证券交易所和证券交易商禁止会员参与锁住或交叉保护报价[③]。该规则的实质是交易中心会员在公平有效获取交易设施报价咨询的前提下,允许非会员以间接方式获取报价咨询,并在收费和待遇方面做到公平。

亚美分规则禁止市场参与者接受、排列或发出价格增长小于1美分的指令、报价或指示(除非标价低于每股1美元),其目的在于防止交易者给出增幅极小的限价指令,使得原先限价指令提供流动性的激励效果会因丧失时间优先的风险而大打折扣,例如,如果买价是以10美元买20000股某股票,当投资者 A 以10美元买100股时位于委托单的末尾(时间先后),而以10.01美元买100股则会位于委托单的最前端。报价间隔的实质是市场中最小的买卖价差,Reg NMS 通过保护限价指令提高了美国证券市场交易的深度和流动性,降低了交易成本。

三、市场数据

在交易所原先的收入中,上市收入和市场数据收入大致相同,但目

[①] 即防止任何人通过交易中心会员、报价信息服务商或投资者获得报价信息。
[②] 即限制交易中心为访问保护报价收取的费用:每股不超过 0.003 美元。
[③] 锁住报价是指某一做市商输入的最高买价等于另一做市商输入的最低卖价,从而市场中不再存在买卖价差。交叉报价是指某一做市商输入的最高买价高于另一做市商输入的最低卖价,从而市场上出现了非正常买卖价差。

前市场数据收入部分增幅很快。Reg NMS 关于市场数据的规定主要体现为市场数据规则（Market Data Rules，Rule 601 和 Rule 603），包括市场数据整合与市场数据管理，实质上解决了交易数据信息收入的问题。

市场数据规则具体包括三部分：(1) 修订了市场咨询收入分配方式，以反映市场咨询对价格发现的贡献；(2) 建立顾问委员会，以扩大对自律组织联合计划的参与；(3) 修订市场咨询分配和披露规则。

第三节 对 Reg NMS 的评价

一、最优价格的评判标准

Reg NMS 关于最佳执行的规定主要体现在最优价格上，而仅强调价格优先或最佳价格并不能达到最佳执行的目标，特别是同时存在电子化交易和场内人工交易时，"快速"的电子化市场往往需要等待"慢速"的人工交易市场以确定最佳价格。例如，IBM 股票当前报价 95.5 美元，机构投资者可以立即以 95.51 美元买入 20000 股，但是为了等待人工交易市场报价，30 秒钟之后只能以 95.5 美元买进 200 股，其机会成本远比节省的交易成本要大。在真实的证券交易中，投资者往往会综合价格、成本、速度、指令执行可能性、规模、性质等多种因素考虑，单一的最优价格无法达到最优执行，这也是影响 Reg NMS 功能发挥和实施效果的重要因素。

二、市场连接的脆弱性

2010 年 5 月 6 日下午，美国证券市场指数、股指期货、股指期权和 ETF 在 30 分钟内经历了 5%—6% 的突然下跌后迅速恢复，此即"闪电崩盘"现象。

在"闪电崩盘"的时间段内,投资者交易行为异常激进,突出表现为信息交易者大量使用了扫架订单,这些订单占据了市场交易量的32%,贡献了超过50%的市场价格波动。在市场下跌过程中,流动性的缺失导致投资者大量使用扫架订单,而这进一步加剧了流动性缺失;与之类似,在市场恢复过程中扫架订单又加快了市场价格的回归。这就使得监管者思考在价格大幅波动和震荡时,扫架订单的使用是否应该受到限制。"闪电崩盘"现象说明美国证券市场中不同交易市场之间的连接具有脆弱性,市场结构并不稳定。

三、与 MiFID 的区别

2007年11月1日,欧盟《金融工具市场指令》(MiFID)在欧元区经济一体化的背景下正式实施,该指令有三点监管创新:引入竞争和新兴交易系统、增加市场透明度和规定"最佳执行"义务。MiFID 与 Reg NMS 有如下几点异同:(1) MiFID 和 Reg NMS 的立法理念基本一致,都是建立统一的金融服务市场,不同的是 MiFID 整合了欧元区的金融市场,Reg NMS 则仅仅整合美国的证券市场。(2) 从市场透明度的角度而言,MiFID 有关交易前透明度的规定较 Reg NMS 广泛,而 MiFID 有关交易后透明度的规定较 Reg NMS 详细。(3) Reg NMS 与 MiFID 的最大区别在于"最佳执行"义务,两者"最佳执行"义务的目的都在于更好地保护投资者利益,本质区别在于,"最佳执行"义务的执行主体和标准不同。Reg NMS 强调由市场作为主体执行客户指令,以"最优价格"为标准履行"最佳执行"义务;而 MiFID 是由投资公司作为执行主体,综合考虑价格、成本、速度、指令执行可能性、规模、性质等多种因素后执行客户指令,采取一切合理措施为客户取得最佳执行效果。总的来说，MiFID 考虑了投资者多元化的投资需求，较 Reg NMS 更为细致和科学。

 思考题

1. NMS 如何打破原有规则？
2. 证券市场是否存在自然垄断？
3. 什么是穿价交易？SEC 如何限制穿价交易的发生？
4. Reg NMS 如何影响市场效率？

第九章　全球衍生品市场结构：
可互换性带来的挑战

金融产品合约的可互换性(fungibility)是指同一金融产品的合约可以在不同交易场所交易，在某一交易场所买进的金融产品可以在另一交易场所卖出。股权类产品具有交易的可互换性，而衍生类产品目前尚不具有可互换性，这是目前国际衍生品交易业务盈利远高于股权交易业务的重要原因。可互换性为交易场所之间的竞争提供了可能，传统交易所的盈利模式、并购重组和定价权因此将有可能发生改变。随着未来监管与立法的逐步变化，国际衍生品市场也有可能同证券市场一样，形成激烈的竞争格局。

第一节　可互换性的概念

金融产品的可互换性是指同一金融产品的合约可以在不同交易场所交易，在某一交易场所买进的金融产品可以在另一交易场所卖出。对于股权类产品合约而言，不同交易场所可以交易基于同一股权产品的合约，这就为交易场所之间的竞争提供了可能，例如，在欧美股票市场，同一只股票可以在多达数十个平台上交易；对于衍生类产品合约而言，由于合约由某个交易所设计，因此在该市场开仓的合约无法到其他市场平仓。即使其他交易所设计出条款完全一样的产品，也只能在不同的"流动池"内交易。而流动性有向一个"流动池"集中的趋势，相反，股票可以在不同"流动池"内交易,非但如此,由于要保证投资者获得最优成交价,即使指令下到某个交易所,也有可能在其他交易平台成交。

金融产品合约可互换性的本质在于将竞争引入同一金融产品的交易市场,使得交易场所之间的竞争加剧,市场结构发生激烈变革,在竞争中重新寻找市场效率和安全的平衡点,使得传统交易所的盈利模式、并购重组和定价权发生改变。

第二节 可互换性与交易所竞争

一、可互换性和交易所盈利模式

传统交易所主要依靠单一化的交易服务收费,随着交易所之间竞争的加剧(尤其是合约可互换性带来的交易所之间的竞争),交易服务收费的占比迅速降低,交易所不得不拓展业务,逐步实现收入多元化,具体包括:增加交易产品种类、实现交易与结算一体化、实施交易数据的商业化经营、开展对金融行业的IT服务等。于是,在交易手续费收入稳定增长但占比下降的同时,清算、交收、存管等交易后服务和市场数据服务日益受到重视,成为当今交易所的重要收入来源和核心竞争力所在。为了迅速达到上述目的,传统交易所(尤其是股权类交易所)之间的并购重组风起云涌。除了交易所之间的并购重组,越来越多的传统交易所并购新兴交易系统和衍生品交易平台(包括在场内和场外交易(OTC)市场中交易的衍生品),以期望于扩大自身的产品价值线。基于此,全球金融市场结构(尤其是证券市场结构)发生着激烈变革。

2008年的全球金融危机反映了世界金融市场存在制度性缺陷,尤其是场外市场的不透明和对手方风险,可能会导致风险迅速在金融市场间传递,并影响实体经济发展。政策制定者、监管者和市场参与者都在寻求一种新的解决模式,主导思想是通过进一步引入竞争,在市场效率和安全之间找到新的平衡点:愈加透明的市场数据披露(包括交易量、价格和持有头寸等),更多的交易前和交易后透明度,中央清算体系和电子交易平台被纳入监管的范畴,期望以此来加强金融体系监管和降低系统性风险。监管者亦通过公开更多的市场数据提高市场流动性和透明度,最终降低交易成本和鼓励更大范围的市场参与。

然而,竞争必将降低行业中单个企业的利润率,例如,在欧洲实施 MiFID 之后的数年间,交易所利润率缩水了 15%,将更多竞争引入交易场所的改革措施(在美国主要体现在《多德—弗兰克法案》上,在欧洲主要体现在 MiFID 及其修订案和《欧洲市场基础设施监管规则》(EMIR)上)使得传统交易所的盈利模式受到了巨大挑战,交易所调整盈利模式、并购重组与市场格局的重新安排不可避免。

二、可互换性和交易所并购重组

自 2009 年年底以来,传统交易所行业(尤其是股权类交易所)面临新一轮的并购重组浪潮,究其原因有以下三点:(1)全球化和地域分散成为交易所应对单一地区收入来源风险的途径;(2)成本协同效应在交易所并购重组中起了重要作用;(3)交易所并购重组后实力增强以避免成为其他交易所的并购对象,而对股权类交易所并购重组而言,其功能发挥的基础正是股权类产品合约具有交易的可互换性。

与 5—10 年前相比,交易所和交易系统的大规模并购重组并没有受到监管部门的过多干预(包括在衍生品交易领域),这一方面是因为国际金融市场融合程度提高,特别是传统交易所市场与 OTC 市场更加紧密地联系在一起,另一方面也是因为越来越多的跨境交易的兴起和发展,使得跨国合作成为常态。然而,当遇到一些影响深远的交易所并购重组时,特别当影响到监管者和政策制定者心目中的系统性风险和无法消除的长久垄断时,政府干预与管制就不可避免,德纽交易所并购之难即为例证。衍生品合约不具有可互换性这一特性使得并购完成后的德纽交易所成为事实上垄断欧洲衍生品领域的交易所,这与欧盟委员会将竞争引入交易场所以寻找新的效率与安全平衡点的监管思路相悖。

从全球范围而言,交易所之间的并购重组和市场结构的激烈变革更多地发生在美国和欧洲市场,这源于他们对资本市场监管有相似的观点,即维持较大程度交易自由、所有权自由转让和竞争等;亚洲和新兴市场相对较少,这主要源于这些国家更多地将交易所看作国家金融安全的重要领域,限制竞争和垄断成为这些地区交易所发展的特点。然而,随着全球化和世界经济一体化进程的加快,通过引入竞争在市场效率和公平之间寻找新的平衡点的监管思路是大势所趋,亚洲和新兴市场的交易所和市场结构也将发生改变,或许会有更多交易所之间的并购以及交易所并购新兴交易系统和衍生品交易平台(包括场内和OTC市场中交易的衍生品)。

第三节　衍生品市场可互换性之争

一、衍生品交易场所结构现状

相比波澜壮阔的证券市场结构变迁,衍生品市场结构似乎还很稳定。在2008年的全球金融危机中,衍生品交易所保持了稳定,交易量甚至还有一定程度的增加。衍生品交易所的核心竞争力在于产品设计方面的先发优势、稳定的客户群体和技术投入成本以及合理的收费安排。与交易现货的传统股权类交易所相比,衍生品交易所并没有激烈的市场竞争,这主要源于衍生品合约交易具有不可互换性,投资者无法在不同交易场所交易同一种衍生品合约,无法将在某一交易场所买进的衍生品在另一交易场所卖出。衍生品交易的不可互换性限制了竞争,避免了市场过度分割,由于市场分割会带来流动性分散、透明度下降、交易成本增加,衍生品交易因此形成了目前相对垄断的模式。

近些年来,OTC市场中的衍生品交易迅速发展,并与场内市场逐渐融合。由于OTC市场具有不透明的特征,基金管理人和机构投资者出于降低市场冲击成本的考虑(尤其是在执行大额订单时)将原本应该在传统衍生品交易所的交易转向OTC市场,利用OTC市场监管相对宽松的特征达成特定目的的交易。一方面,OTC市场成为传统衍生品交易所面临的新竞争对手;另一方面,由于OTC市场中的流动性和交易前透明度等问题,使得投资者交易公平性和市场分割问题日益突出。《多德—弗兰克法案》出台后,OTC市场中衍生品有转向场内成交或清算的趋势,然而却没有形成一个统一的交易市场,而是纷纷组建新的互换执行设施(SEF)来进行场外产品的交易。清算方面,场内市场有一定的优势,因为场内和场外产品的相关性可以降低投资者成本,不过为了避免在一家市场形成垄断从而对市场参与者不利,市场参与者也通过在多家市场进行清算来阻止形成一家独大的局面,例如,美国洲际交易所等市场的信贷违约合约和能源互换合约结算量远超芝加哥商业交易所,形成了分散的市场结构。

与此同时,美国的衍生品交易可互换性问题开始引发讨论。如果衍生品与股权类产品一样具有了可互换性,那么在某一传统交易所上市的衍生品在面临现有OTC市场激烈竞争的同时,还将迎来其他交易所和新兴交易系统的激烈竞争,而新兴交易系统有可能与当年股权交易类产品一样,再度借助市场的灵活性加剧这种竞争。在美国,期货交易可互换性的讨论得到了美国证券交易委员会(SEC)、美国商品期货交易委员会(CFTC)和美国期货业协会(FIA)的支持;与此同时,SEC和CFTC也意识到可互换性会导致"搭便车"问题,所以期货交易所需要通过其他投资补偿。由于欧洲在这方面落后于美国,其衍生品市场结构变化尚未涉及于此。

二、可互换性和 CME 面临的竞争格局

美国期货市场可互换性之争的经典案例是电子流动性交易所(ELX)与芝加哥商业交易所集团(CME)之争。ELX成立于2007年12月,是一家由银行和交易公司组成的财团支持的电子期货交易所。2009年,ELX通过了一项期货交易的新规则,即赋予市场参与者私下协商后进行两次单独但实际是同一次完整交易的可能。在新规则下,投资者可以在ELX建立一个期货头寸,而在其他交易所进行该期货头寸的清算,通过在各自交易场所清算机构之间的转移,投资者实现了同一期货产品在不同交易场所之间的转移,这即被称为"期货换期货"(EFF)交易,从而实现了期货交易的可互换性。ELX随即将EFF规则用于国债期货的交易,即投资者通过私下协商可以对其在ELX和CME两个交易市场中持有的国债期货头寸进行冲销,ELX国债期货的交易量已经占据市场份额的30%左右,这直接威胁到CME在国债期货领域的垄断地位。尽管EFF交易在2009年9月得到了CFTC的许可,但CME仍然坚持认为EFF交易违反了现有规则。经过与监管层长达9个多月的辩论,CFTC于2010年8月认为EFF交易并没有违反相关法律,CME为阻止国债期货合约在CME和ELX两个市场间流动而提出的理由(流

动不符合商品交易法的理念)并不准确;然而,CME 并未对 CFTC 的表态和其涉及商品交易法的反垄断调查作出任何回应。与此同时,CFTC 一直与美国司法部就相关信息进行讨论,而 CME 继续宣称 EFF 交易违反了竞争原则。至今为止,美国监管机构并没有签署任何强制 CME 支持 EFF 交易的条例,期货可互换性的前景依然未知。退一步而言,即使期货可互换性在美国得到监管机构的许可,在其他市场的接受程度仍然未知。

从 CME 面临的竞争格局而言,可互换性对其未来竞争前景意义重大。CME 上市后,股东大都变成了机构投资者,作为主要使用者的投行和交易所之间存在一定的利益冲突。例如,交易所试图提高收费来增加盈利,而一旦可互换性被打破,他们将面临利润缩水的直接挑战。ELX 的股东都是投资银行,尽管 ELX 未必盈利,但通过与 CME 的竞争,可以压制其提高收费的企图。此外,CME 也面临其他成熟市场的挑战。例如,在纽交所集团的 Liffe 期货交易平台上市的欧洲美元期货,尽管还没有实现可互换性,但因为其母公司纽交所集团既有期货业务又有现货业务,可以通过"期现协同"降低成本,因此也取得了每月几十万张的成交量;而 CME 反过来推出的 Liffe 主力品种 Euribor 合约却基本没有交易量。

三、衍生品市场可互换性的未来

如果衍生品交易可互换性得以真正实现,传统交易所之间、新兴交易系统之间、传统交易所与新兴交易系统之间可能将展开激烈的市场竞争,新兴交易系统可能会如交易股权类产品一样借助电子平台的灵活性加入竞争队伍,期货等衍生品的现有交易模式可能将不复存在,传统衍生品交易所的利润率会大幅下降,当今激烈竞争的股权类交易场所的市场格局或许将是衍生品交易场所的未来。

尽管开放衍生产品可互换性后,通过竞争可以在市场效率和安全之间找到新的平衡点。然而,鉴于衍生品的交易大都涉及杠杆,与股权类产品基于公司所有权的合约交易有本质不同,保证金管理等风险管理措施成为衍生品交易的重中之重。如果衍生品合约拥有交易的可互换性,如何处理保证金等复杂的清算业务就成为一个新问题。一方面,监管层尚未清晰监管思路,还会受到市场中既得利益者的阻碍,另一方面,诸多衍生品可互换交易后的技术细节尚未解决,这都使得衍生品合约的可互换性在大势所趋的背景下任重而道远。

 思考题

1. 什么是衍生品合约的可互换性?
2. 请论述可互换性与市场竞争的关系。

第十章 全球清算市场结构：
内外之争与市场效率

　　清算所与交易所的治理关系可以分为两种——垂直清算模式和水平清算模式，分别是一家清算所为一家交易所或多家交易所进行清算。清算的可互操作性(interoperability)是指投资者基于某种产品的清算业务可以在不同的交易场所之间按照净头寸计算，而无须在各个单独的交易场所分别计算。可互操作性相当于将市场竞争引入清算领域，这也带来了新的清算模式——联通清算模式，即多家清算所为多家交易所进行清算，中央对手方之间也形成了统一平台。联通清算模式使得投资者、清算所和交易所都从中受益、实现共赢，或许会是清算市场未来的主流清算模式。2008年全球金融危机后，场外市场场内化和《金融市场基础设施原则》的颁布使得清算体系建设更加注重系统性风险的防范，联通清算模式更能应对市场环境的改变，清算行业也在市场竞争中寻找到公平与效率的新平衡点。

　　清算(clearing)是指介于交易(trading，即投资者同意开始交易)与结算(settlement，即投资者最终完成资金或实物划拨)之间、实时评估投资者持有头寸风险的中间阶段。选取什么样的清算模式将决定清算行业的市场结构与经营效率。

第十章 全球清算市场结构：内外之争与市场效率

第一节 传统的清算模式

一、垂直清算模式——一家清算所为一家交易所进行清算

垂直清算模式是指清算所作为交易所的一个附属部门或控股子公司（全资或绝对控股），从组织结构上看，交易所垂直管理清算所，是一家清算所为一家交易所进行清算的业务模式。在这种模式中，交易所承担交易、清算和结算业务，控制着金融产品交易的价值链。目前，全球大部分交易所都是选择这种一体化的交易清算模式，如美国芝加哥商业交易所集团（CME）、欧洲期货交易所（Eurex）、印度国家证券交易所（NSE）和中国香港交易及结算所有限公司等。

垂直清算模式的优势在于能够提高交易所与清算所的经营效率，原因在于：第一，将交易所与清算所整合在一起可以统一协调交易、清算和结算的全过程；第二，便于交易所新产品设计与开发时清算环节的配合。

然而，垂直清算模式存在一定缺陷：第一，交易所形成了集交易、清算和结算于一体的网络组织，加之当某些金融产品（如衍生品）自身的替代性较弱时，清算业务封闭形成了自然垄断，进而影响整个衍生品清算行业的竞争效率；第二，由于清算所隶属于交易所，清算环节出现问题，特别是出现重大违约事件时，由交易所承担风险会影响交易安全，清算风险因此放大；第三，交易所对保证金和风险准备金等制度的限制会降低会员的资金使用效率。

二、水平清算模式——一家清算所为多家交易所进行清算

水平清算模式分开了交易与清算,将清算业务外包给专门的清算所,清算所与交易所之间呈水平关系,是一家清算所为多家交易所进行清算的业务模式。采取独立经营的清算所一般不从属于任何一家交易所,有独立的经营目标,所有权与治理结构都与交易所独立;尽管交易所常常会拥有清算所的部分股权,但没有一家交易所在清算所的发起者、所有者、管理者或者使用者中占有支配地位;对于独立的清算所来说,它们通常拥有许多清算会员单位,同时为多家交易所提供清算服务。例如,美国的诸多期权交易所都通过期权清算公司(OCC)进行清算。

水平清算模式的优势在于:第一,独立的清算所可以有效制约交易所因扩大成交量而降低风险控制标准的行为;第二,减少保证金和资金划转等业务,投资者可以降低财务成本,提高资金使用效率。

然而,水平清算模式的问题在于:第一,由于独立清算所数量有限,不仅没有在清算行业实现真正的市场竞争,反而形成了寡头竞争的市场格局,这在一定程度上有损清算行业的市场效率;第二,不利于交易所产品设计与创新中清算环节的配合。

三、中国现行清算机构及其业务范围

目前,中国两家证券交易所内部不设立结算部门,统一由中国证券登记结算公司负责证券交易的登记、存管和结算。在业务范围上,按照《证券法》关于证券登记结算集中统一运营的要求,从2001年10月1日起,中国证券登记结算公司承接了原来隶属于上海证券交易所和深圳证券交易所的全部登记结算业务,其下属的上海、深圳两家分公司分别

为上海证券交易所和深圳证券交易所的各类证券交易提供清算交收服务。中国证券清算行业采取全国集中统一的组织架构。

目前，中国四家期货交易所的交易标的及组织形式有所不同，但在清算机构设置上则基本统一，即都在交易所内部设立结算部门，以便管理保证金等风险管理所需资金。交易所结算部负责交易所与结算会员之间的清算和结算工作。三家商品期货交易所全部采取会员结算制度，如中金所采取分级结算制度，即结算会员的结算部门负责该结算会员与交易所、客户、交易会员之间的结算工作，交易会员的结算部门负责该交易会员和结算会员、客户之间的结算工作。在业务范围上，国内四家期货交易所结算部仅为在本交易所进行交易的期货合约提供清算和结算服务，属于典型的垂直清算模式。这种内设结算部的模式在期货衍生品市场发展早期有利于新合约的上市和开发，促进了期货交易所的发展。

第二节 可互操作性与新的清算模式——联通清算模式

近年来，清算的可互操作性以及由其带来的联通清算模式正在改变传统清算行业的市场格局，形成了多家清算所为多家交易所进行清算的市场结构，中央对手方之间也形成了统一平台，继而为清算行业带来了真正的市场竞争。这种通过竞争在市场效率与安全之间找到新的平衡点的思路正在成为现实。

一、可互操作性使得联通清算模式成为可能

可互操作性是指投资者基于某种产品的清算业务可以在不同的交易场所之间按照净头寸计算，而无须在各个单独的交易场所分别计算，这种清算的可互操作性可以提高市场效率、降低交易后成本和风险、加强市场竞争和提供新的商业机会。

在目前的股权类产品市场中,投资者可以通过不同的交易平台交易同一种股权类产品,每种产品都与各自的中央对手方清算。随着股权类合约可互换性的发展,即投资者可以在某一个交易场所开启头寸,而在另一个交易场所关闭头寸,股权类产品的市场竞争愈演愈烈,然而,投资者依然需要在上述两个交易场所都交纳清算费用,这不仅花费昂贵,更会带来额外的操作风险(多个中央对手方)和流动性风险(更多的清算费用)。交易场所出于自身利益考虑,希望投资者可以选择某家中央对手方并实现集中清算,而交易对手方之间往往希望能够根据自己的意愿选择不同的中央对手方,双方(交易场所与投资者)之间的分歧由此产生。

引入清算的可互操作性后可以降低操作风险,即投资者可以基于同一种产品的净头寸减少中央对手方的个数,又可以降低清算费用,即投资者可以基于同一种产品的净头寸交纳清算费用,无须在每个持有的头寸上都交纳清算费用,从而降低流动性风险。对于投资者而言,多元化的清算选择可以满足不同的交易清算需求。对于交易场所而言,一方面,清算领域市场开放后会导致原先部分垄断利润的消失,但另一方面,引入市场竞争后的清算领域也可以为交易场所参与更多的清算业务提供可能与机会,有效缓解交易场所与投资者之间的矛盾。对于清算所而言,无论是垂直清算模式还是水平清算模式,都是一家清算所为一家交易所或多家交易所进行清算,而清算的可互操作性将实现多家清算所为多家交易所进行清算的新业务模式——联通清算模式,它使中央对手方之间形成了统一平台,清算所之间的竞争由此展开,这将带来清算所自身专业能力的提高,长远来看有利于清算行业的整体发展。

尽管将可互操作性引入清算领域早已是行业内共识,但监管机构一直担心这会触发系统性风险,所以改革进展十分缓慢。由于清算的可互操作性将使得清算领域形成激烈竞争的市场格局,诸多传统交易所和清算所也对此持谨慎态度,目前,只有新兴交易系统在欧洲的现金股权类交易市场和集中清算的、标准化的 OTC 市场朝着清算可互操作性的方向发展。衍生品市场的清算可互操作性尚在讨论之中,目前仍然维持现状。从长远来看,在竞争中寻找效率与安全平衡点的思路将使得投资者、清算所和交易所实现合作共赢的局面。

二、联通清算模式的案例

除了传统的、受监管的交易所,金融市场上出现了多边交易设施(MTF)——由投资公司或市场经营者运营的多边交易系统,该系统使多方根据一定规则进行金融工具交易。MTF 作为交易领域的新兴交易系统,是金融交易电子化、网络化的产物,与此同时,MTF 在清算领域可互操作性方面同样走在最前端,其中的 BATS 全球市场公司和 Chi-X Europe 正是典型代表。

BATS 全球市场公司(BATS Global Markets,简称 BATS)是一家全球金融市场技术公司,总部位于美国密苏里州堪萨斯城地区,在纽约和伦敦设有办事处。BATS 成立于 2005 年 6 月,在美国运营着两家证券交易所(BZX Exchange 和 BYX Exchange)和一个美国股票期权市场 BATS Options;并在欧洲运营着一个获得英国金融服务管理局授权的 MTF——BATS Europe。2011 年第四季度,BATS Europe 的交易额高达 1403 亿欧元,约占泛欧证券交易额的 6.4%。

Chi-X Europe 成立于 2007 年 3 月,是一家得到英国金融服务管理局授权的 MTF,提供如下交易服务:24 种指数和 15 个主要欧洲市场的 1300 多种流动性较高的证券,以及可见的买卖盘记录和 Chi-Delta 非显示买卖盘记录中的 ETF（交易所交易基金）、ETC（交易所交易商品）和 IDR（国际寄存单据）。Chi-X Europe 在 2010 年成为欧洲第二大股票交易所，其在 2010 年第四季度的交易额更是高达 3680 亿欧元。

BATS 与 Chi-X Europe 都是泛欧交易场所，其共同点在于实行低成本的精简操作模式，旨在帮助投资者实现超低的执行以及交易和清算成本。2011 年第二季度，BATS Europe 与 Chi-X Europe 就价格变动单位、符号、市场数据和清算等主要市场结构问题进行了紧密合作，以减少欧洲金融市场交易环境中长期存在的障碍。最终，两家新兴交易系统完成了兼并收购，合并后的新公司即是 BATS Chi-X Europe。

2006 年起，欧洲自动清算协会（European Automated Clearing House Association，EACHA）就一直致力于建立清算领域可操作性互换的框架。2011 年 7 月 29 日，经过长时间的争论，BATS Chi-X Europe 终于成为第一家引入清算可互操作性的交易平台（除了西班牙市场），初期有三家清算所可供投资者自由选择，它们分别是：EuroCCP、SIX x-clear 和 LCH.Clearnet。随后，2012 年 1 月 1 日，欧洲货币合作基金（EMCF）成为第四家参与可互操作性的清算所，且这四家清算所会将各自的技术系统相连。

金融市场对清算的可互操作性尝试给出了积极评价，联通清算模式实现了清算所之间的互通、多家清算所为多家交易所进行清算的市场结构，这也为清算行业带来了真正的市场竞争，投资者因此降低了清算等交易后的成本，金融市场也更加有效与安全。

三、联通清算模式的特点

从经济学原理而言，清算是为交易服务的，清算基础设施的容量需要应对巨大的交易量，清算数量越大，平均成本越低，联通清算模式相当于将多个中央对手方置于统一平台,可以通过规模经济降低清算所成本,同时为客户减少接口以降低其清算成本。

从组织结构而言,联通清算模式的最大特点是使得中央对手方有效地整合系统并提供统一的清算平台。中央对手方之间也互为中央对手关系,这就使得所有的风险管理都通过连接中央对手方的统一系统实现,违约、保证金要求、财务资源和操作要求等也趋于统一。联通清算模式连接了不同的清算所,使得清算所在产品范围以及区域上实现了多样性,从而增加了清算所的规模及范围,增加其网络优势的同时也将现有的基础优势放大,并可以继续为区域市场和不同监管环境中的特别需求提供量身定做的个性化服务。Hasenpusch 于 2013 年以问卷形式完成了原创实证研究,论证了多个具有竞争性且互联的联通清算模式会比单一清算中心更有优势,同时也优于交叉保证金协议和并购;具体而言:清算互联能够给清算会员带来效率提升,交叉保证金协议是中性的,并购和单一中央对手方则使得效率受损。

然而,场外集中清算过程中可能出现逆向选择和道德风险。如果中央对手方对所有的清算会员都设定同样的保证金要求,信用等级更高的机构可能会因此不进行集中清算,进而导致清算会员多为信用等级较低的机构;而机构在成为中央对手方清算会员之后,由于中央对手方的担保作用不再寻找信用等级较高的交易对手。故集中清算更易引发系统性风险。联通清算模式使得各中央对手方都处于同一平台,上述问题则更为强化。在全球化背景下,清算的可互操作性将原本相对独立的金融市场主体连接在一起,一方面分担了交易各方的特质性风险,另一方面连接多家清算所也带来了潜在的系统性风险,一家清算所破产将迅速影响其他清算所。清算的可互操作性将使得清算领域形成激烈竞争的市场格局,诸多传统交易所和清算所对此保持谨慎态度;同时,监管机构一直担心清算可互操作性是否会触发系统性风险,所以改革进展十分缓慢。

四、联通清算模式对衍生品市场清算的影响

在欧洲,尽管以 BATS Chi-X Europe 为代表的新兴交易系统开始将清算的可互操作性引入股权类的现货市场,但在欧盟实施 MiFID 之前,衍生品的清算大多由附属于交易所的清算部门完成,清算业务缺乏可互操作性,清算部门之间没有竞争,投资者无法自主选择清算场所,不得不接受交易所对清算场所的安排。

追溯欧洲衍生品清算领域缺少竞争的根源,部分在于欧洲的衍生品合约不具有交易的可互换性,即同一衍生品的合约无法在不同交易场所交易,在某一交易场所买进的衍生品无法在另一交易场所卖出。然而,随着美国金融市场关于衍生品合约可互换性的讨论,欧洲金融市场衍生品交易具有可互换性或许也将成形。与美国股权类现货市场合约交易具有可互换性相比较,传统的衍生品市场由于合约不具有可互换性,清算可互操作性尚在讨论中,市场格局仍然维持原样。

五、监管机构对联通清算模式的考虑

欧洲的政策制定者正面临是否支持交易所衍生品具备可互换性的决策。

支持者认为期货交易所应该在价格上竞争,与股票和期权交易所类似。如果交易所试图推销类似的衍生品,将产生套利机会,对所有的市场参与者都有利,包括潜在的价格套利机会以及新的交易机会。然而,在垂直清算模式下,在交易所交易的产品合约直接在交易所所有的清算所进行交易后处理,这实质上将投资者锁定在合约进行上市交易的期货交易所,导致交易所之间缺乏竞争,形成垄断。因此,市场参与者

广泛支持开放准入(open access)。为了鼓励竞争,监管者显然希望清算所能够为多家交易场所清算。

反对者主要担心开放衍生品市场清算接口会影响金融市场的稳定性。投资者想要衍生品头寸轧差的收益,这样可以为其提供流动性,但是连接两家清算所也会带来潜在的系统性风险,一家清算所破产将迅速影响其他清算所。此外,开放准入也可能造成欧洲监管政策的不一致。欧洲证券及市场管理局(European Securities and Markets Authority, ESMA)对于清算的可互操作性将规定交易所允许客户接入未平仓头寸,客户可以在一家清算所对某一互换合约开仓,而在另一家清算所将其平仓。然而,ESMA将竞争限于非上市衍生品,这需要与 MiFID Ⅱ 的规定进行调和。相比于美国的《多德—弗兰克法案》对场外衍生品进行强制规定,欧洲的监管政策更行之有效。

第三节 海外市场监管变革对清算模式的影响

一、海外OTC市场监管改革为清算所带来新的业务机会

一般而言,海外OTC衍生品市场由几个不同的层次组成,第一层称为传统的交易商市场,第二层称为电子经纪商市场,第三层称为自营的交易平台,第四层称为期货交易所组织的场外交易平台。

在欧盟,MiFID Ⅱ 致力于改变先前对OTC市场中类似于场内交易部分的监管疏忽,重新定义一种新型交易场所——有组织交易设施(organized trading facility,简称OTF),并将其纳入与场内交易场所相同的监管范畴。OTF的涵盖范围很广,包括投资机构之间的交易平台(crossing network)、OTC市场中标准化衍生品的交易平台、系统化内部

撮合商等，只有基于特殊目的的股票、债券交易和非标准化的衍生品交易会在不受监管的 OTC 市场进行。MiFID Ⅱ 要求所有符合结算要求并有足够流动性的衍生品必须在受监管市场、MTF 或者 OTF 交易，而与之相应的集中清算业务有着广泛的市场需求。

除了 MiFID Ⅱ，欧盟还出台了其他对 OTC 市场的监管法案。2009 年 2 月，欧盟宣布要推动设立欧洲信用违约互换中央清算所，寻求为该工具设立一个中央清算和信息存管机构，该机构能够在信用衍生交易后获得经过确认的信息，创造一个保持这些交易信息的"黄金记录副本"(gold copy)。2010 年 9 月，欧盟委员会发布了《欧洲市场基础设施监管规则》(European Market Infrastructure Regulation，简称 EMIR)的立法建议，并计划于 2012 年实施。EMIR 以增强市场透明度和安全性，降低对手方信用风险和操作风险为目标，以所有 OTC 衍生品为监管对象，引入 OTC 衍生品的报告义务、合格 OTC 衍生品的清算义务、双边清算的 OTC 衍生品的对手方信用与操作风险的减缓措施以及对中央对手方和交易登记机构的一般性规定等制度安排，以加强对市场的有效监管，维护金融市场稳定。

在英国，财政部和金融管理局也颁布措施加强对 OTC 市场中衍生品交易的监管，具体包括：(1) OTC 市场中衍生品合约更加标准化；(2) 更加稳健的对手方风险管理；(3) 对于中央对手方的持续高标准要求；(4) 达成产品具备清算资格的国际协议；(5) 通过《巴塞尔协议》，提高对没有中央对手方交易的资本金要求，以降低其对金融系统风险的影响；(6) 记录 OTC 市场中的衍生品交易并形成信息存储库；(7) 提高 OTC 市场中交易的透明度。

在美国，OTC 市场监管改革主要集中于 2010 年 7 月 21 日的《多得—弗兰克法案》，其首要目标是提高场外衍生品市场的透明度和效率，降低对手方风险和系统性风险，改革的主要对象就是直接导致危机发生的各种互换工具。合约标准化、中央清算和中央信息存管成为美国改革OTC衍生品交易监管的三根支柱。CME集团积极响应政府改革号召,推出为OTC衍生品市场服务的清算系统。CFTC也要求互换交易商披露头寸情况,提高市场的透明度。

海外OTC市场的监管改革使得传统场内市场与OTC市场的融合趋势进一步加剧,形成OTC市场中标准化产品的集中清算模式。面对新的清算业务盈利机会,市场或许将形成清算所之间激烈的竞争,这种清算业务竞争不再局限于传统场内市场份额的争夺,而将发生在OTC市场份额的争夺上,这会更有利于联通清算模式发挥作用。

二、《金融市场基础设施原则》使得清算体系建设更加注重防范系统性风险

全球金融危机后,国际清算银行支付体系委员会和国际证监会组织技术委员会研究制定了《金融市场基础设施原则》,旨在加强国际合作,增强结算支付系统等市场基础设施的稳健性和风险管理能力,强调央行和监管部门的责任,提高全球金融体系稳定性,重点关注信用风险、流动性风险、一般业务风险、历史回复性测试和压力测试、资金交收等方面的风险管理议题,尤其关注系统性金融风险,要求支付结算机构建立全面的风险管理框架。

金融市场基础设施是指以完成金融交易后的支付、清算和交收为目的的金融机构间的多边安排,其组织形式可以是法定结算机构、存管机构、金融机构间协会、银行或非银行清算公司等各种形式。国际监管机构首次将提供支付、清算服务的机构作为一个整体考虑,以应对在全球化背景下支付、清算活动已经将原本相对独立的金融市场主体紧密连接在一起,避免系统性风险的增加。

《金融市场基础设施原则》有三个具体目标:一是提高现行标准对

金融支付结算系统的监管标准和风险管理要求,即所谓"raise the bar";二是吸取金融危机教训,反映后金融危机时代金融市场安全与稳定发展的变化和对交易结算体系的新要求;三是对场外衍生品市场引入的中央对手方、交易登记机构等基础设施提出风险管理指引,反映这些基础设施在场外衍生品市场中的职能和风险管理要求等。这些要求都使得联通清算模式在发展过程中更加需要提高应对系统性风险的能力。

 思考题

1. 请概述清算所与交易所的组织结构类型。
2. 请区分清算与结算的异同。
3. 请论述清算竞争是否会带来市场效率的提高。

第十一章 高频交易：正在改变传统的市场微观结构

第一节 高频交易的发展历史

在中国，高频交易①已经成为监管机构、学术界和金融实务界广泛争议的话题，各方态度褒贬不一。对于高频交易究竟是否有益于市场发展，是否真的会为市场提供流动性，是否会造成新的市场不公平这几个关键问题，各界缺乏统一认识。笔者通过回顾美国市场高频交易的发展历史，并结合中国市场的本土特点，从理论研究的视角去回答上述对市场发展有着重大影响的基础性问题。

一、美国市场高频交易的发展历史

（一）传统做市商在促成交易中赚取了巨额利润

自从证券市场诞生以来，交易场所就自发地向着更有效率的方向演变。证券市场诞生初期，买卖双方直接交易。17世纪前后，买卖双方在

---

① 笔者主要关注高频交易。高频交易是程序化交易的一种，程序化交易又是电子交易的一种。电子交易是与人工交易相对应的概念。高频交易有如下四个方面的特征：一是通过算法程序进行决策、生成委托单、执行成交程序等；二是延时很短，目的在于最小化反应时间；三是指令进入系统的速度快，高速连接市场；四是信息量大，即不断有报单和撤单的交易行为。程序化交易是指将设计人员交易策略的逻辑与参数在电脑上运行后使其系统化，强调的是决策环节的自动化。电子交易泛指由计算机完成交易撮合。

欧洲的大街上用现金直接交易证券（早期的场外市场①，也称"路边市场"）。

随着交易品种和数量的增加，为提高效率，证券市场逐步形成了以集中的交易场所与一批专业的做市商②为代表的组织形式，买卖双方不再直接交易。如在纽约证券交易所（以下简称"纽交所"），做市商被称为特许经纪人；在纳斯达克，做市商也可被称为经销商。但无论称呼如何，一个不争的事实是——这些促成交易的做市商们在当时垄断了市场交易，所有投资者（包括沃伦·巴菲特等大客户）都要依赖这些做市商代表自己买卖股票，此时的买卖双方不再直接接触，做市商是市场运行的"润滑剂"和"通道"。

做市商以"买卖价差"③为生，正常的"买卖价差"是做市商的劳务所得，但不当的"买卖价差"会损害投资者的利益，只是鲜有投资者关注或公开反对这种交易机制，此时交易所与做市商俨然成为一个不可分割的利益团体。1994年，美国两位金融学教授发表的一项基于纳斯达克股票交易数据的研究发现：纳斯达克做市商在实际交易中人为将买卖

---

① 场内市场通常是指以集中竞价、电子撮合、匿名交易、做市商等集中交易方式进行标准化合约交易的市场，可以简单理解为所有买者与所有卖者集中撮合成交的市场。场外市场主要是指买者与卖者一一撮合成交的市场，参与者相对场内市场更为专业，多为专业性金融机构与风险承受能力较高的大型实体企业。

② 做市商（market maker）是指在证券市场上，由具备一定实力和信誉的证券经营法人作为特许交易商，不断地向公众投资者报出某些特定证券的买卖价格（即双向报价），并在该价位上接受公众投资者的买卖要求，以其自有资金和证券与投资者进行证券交易。做市商通过这种不断买卖来维持市场的流动性，满足公众投资者的投资需求。经纪商是指接受客户委托，代客买卖证券并以此收取佣金的中间人。经纪商是指以代理人的身份从事证券交易，与客户是委托代理关系。证券经纪商必须遵照客户发出的委托指令进行证券买卖，并尽可能以最有利的价格使委托指令得以执行；但证券经纪商并不承担交易中的价格风险。简单来说，交易撮合分成三种形式：一是买者与卖者直接达成交易；二是经纪商帮助买者找到卖者达成交易，类似房地产中介；三是做市商从买者手中购买后再卖给卖者，类似中间商。

③ 作为帮助客户进行交易的报酬，做市商间接收取一项叫作"买卖价差"的费用，即他们买入和卖出股票时价格的差额。形象地说，一个汽车经销商以10万元的价格买进一辆汽车，并以11万元的价格将之出售给客户，获得1万元收益。这里的经销商就类似做市商，他所获得的1万元收入便是"买卖价差"。

价差从 1/8 美元扩大到 1/4 美元,甚至是 1/2 美元。正如一场起价 100 美元的拍卖,拍卖商强制要求每一位竞价者每次加价不能少于 25 美元甚至 50 美元。这是做市商对投资者赤裸裸的"偷窃"行为,在交易所长期以来的默许下,做市商将人为扩大的这部分"买卖价差"悄悄转成了数以亿计的不义之财。

(二)高频交易致力于改变不合理的传统做市商交易机制

20 世纪 90 年代,随着计算机技术的飞速发展,一群精通 IT 技术的高频交易先驱者们开始推动交易机制的改革。他们立志消灭做市商,让投资者能够在市场上实现直接交易,高频交易由此诞生。

1. 计算机技术的发展使得高频交易改变做市商交易机制成为可能

1987 年美国股灾后的交易机制变革成就了高频交易的雏形。1987 年 10 月 19 日是美国证券史上最黑暗的一天,股价如跳水般下跌。焦虑的投资者急于抛售手中的股票,然而交易所的电话却始终无法接通。此刻,做市商正在忙于优先处理自有股票以及所谓的"重要投资者"的股票,而将普通投资者的订单搁置一旁。这种行为无疑将普通投资者置于水深火热之中。此次事件后,为平息市场上普通投资者的怒火,纳斯达克强制实行了 SOES 系统(small order execution system),它允许经纪商通过电脑系统直接将小投资者的指令传递给做市商,而所有的做市商都必须对其进行处理。此举为高频交易者打开了一扇通往新世界的大门,成为高频交易的雏形。

通过连接纳斯达克行情终端软件的电脑,投资者能够追踪做市商对任一股票设定的报价,并实时跟踪这些指标的变化。当股票价格发生微小的变动(如微软公司股票的市场卖价从 50 美元涨到 50.5 美元,或者市场买价从 49.75 美元涨到 50.25 美元)且做市商还未意识到时,投资者便可以看准时机"发起攻击",利用 SOES 系统迅速从一个做市商处以50美元/股的价格买入1000股,并立刻以50.25美元/股的价格转手卖出,轻松赚取250美元的利润。

计算机技术的发展加速了"计算机驱动市场的趋势"。1990年,一个名为"守望者"(The Watcher)的自动股票组合管理系统被开发出来,它通过展示股票买盘与卖盘的价格变动趋势,能够赋予交易员预测股票涨跌方向的能力。部分交易员开始舍弃向迟钝缓慢的行情终端手工发送订单的交易方式,转而在这一新交易平台上通过键盘快捷键快速买卖证券,由于他们比市场上的其他人看得更快更远,因此赚取了大量利润。六年后(1996年2月),"守望者"系统上又产生了一个全新的电子交易系统——"岛屿"公司(The Island)交易平台,该系统直接绕过做市商,以极快的速度与廉价的成本自行匹配交易,最后才将这个交易报告报给纳斯达克(当时纽交所因制度原因禁止了此类交易形式),这一系统大大提高了证券交易的效率。

"守望者"系统和"岛屿"公司交易平台都相当于抛开了纽交所和纳斯达克,自己新建了一个交易场所。可见,美国证券市场的运作结构不断朝着满足机器需求的方向发展,人工做市商在这种趋势中被逐渐淘汰。

2. 高频交易通过缩小买卖价差的方式淘汰了传统做市商

美国股票市场通过缩小报价单位的改革最终淘汰了传统做市商。1997年3月,一名国会议员首次提出使用美分(小数)而非分数作为报价单位。此时,证券市场的最小报价区间已经缩小至1/16美元(6.25美分),如果以美分作为报价单位(即报价区间缩小为1美分),做市商的利润就会被成倍压缩。大型交易所的做市商当然不会轻易接受这一改变,因此联合进行抵制,导致这一议案被无限期搁置。

然而,这并不能改变高频交易先驱者推动市场结构改革的决心。2000年7月,电子交易所的先驱"岛屿"公司宣布:在其所属平台上以美分(小数)为报价单位进行交易。在此后的几个月中,该交易平台上有超过10%的报价以美分为单位。这一实际行动对整个美国证券界都造成了巨大的压力,一年内,全美股票市场开始进行以美分为报价单位的改革,买卖价差急剧缩小。交易员在报价上不断竞争,他们通过不间断地且快速地压缩买卖价差来吸引投资者,如某一个做市商刚给出20.1美元/股的买价与20.2美元/股的卖价,另一个做市商就会给出20.11美元/股的买价与20.19美元/股的卖价。买卖价差在做市商的"搏斗"中不断缩小,直到有做市商报出20.15美元/股的买价与20.16美元/股的卖价。虽然这一过程对于人工做市商来说可能较为复杂,但对计算机来说却非常简单。

上述变化的后果是:人工做市商被淘汰,且随着普通投资者参与市场的门槛降低,市场变得更为公开。

(三) 高频交易在解决之前传统做市商市场不公平的同时,也带来新的交易机制问题

1. 每个价格上的报价单量稀少以及高频交易相比部分机构投资者的信息劣势,促使"做市商制造机制"诞生[①]

尽管高频交易解决了之前部分做市商市场中的不公平问题,促进了市场效率,但以高频交易为主的交易场所却面临两个难以解决的困扰。

其一,虽然"买卖价差"确实缩小了,但高频交易的交易特点使得每个价格上的报价单量都十分零散且稀少,这些报价单实在难以支撑起整个市场。尤其是对于大的机构投资者而言,即使其有心进入以高频交易为主的交易场所,也很难做成一笔大单。为此,交易平台为如何在每个价格上引入更多的报价单从而吸引大机构投资者绞尽脑汁。

---

① 何为"做市商制造机制"?以面包店为例,某顾客想要购买一个标价为1美元的面包,但只想支付0.95美元。面包店老板为了锻炼售货员,承诺其每卖出一个面包就可以得到1美元的奖励。此时,售货员会毫不犹豫地将这个面包以0.95美元的价格卖给顾客。在这笔交易中,顾客享受到了"降价成交"的好处,而售货员则享受到了"执行交易"的好处。暂且不论面包店老板可能遭受的损失,这笔交易的交易双方都获得了好处。

其二，高频交易为机构投资者做市存在很大风险。尽管交易平台上的高频做市商拥有比普通投资者更充分的信息，但这种优势在一些经验丰富的机构投资者面前无法发挥作用。例如，在遭遇如沃伦·巴菲特这样的佼佼者时，高频做市商掌握的信息远不如沃伦·巴菲特全面，所以高频做市商本身也不愿意为这类投资者真正发挥做市功能。

面对上述两大难题，1998年，"岛屿"公司想到了一个绝妙的主意，提出"做市商制造机制"(maker-taker)，即为能给交易平台提供大额报价单的投资者提供佣金返还（以下简称"返佣"）。此举使得投资者有动力为以高频交易为主的交易平台提供巨量报价单，而这些报价单的进入会大大提高平台的流动性。流动性的上升使得符合投资者心理价位与数量的报价单增加，可能发生的交易增多，成交量也疯狂上升，交易平台获得的总交易佣金也相应上升。

2. "做市商制造机制"使得高频交易提供的流动性有时不再真实

与学术界普遍认为的高频交易为市场提供真实流动性的观点恰恰相反，现实中这种流动性与成交量对于投资者来说有时没有意义。此时，高频交易提供的流动性并非真正流向市场，而是如"做市商制造机制"这一名称一样，是为追逐利润而被制造出来的一个幻影。

2002年，在世界电信公司(WorldCom)由于财务造假而宣告破产前夕，高频交易员如秃鹫遇到腐肉般蜂拥而上，为这家公司创造了巨量的买单和卖单，这些买单和卖单为其提供了巨大的流动性。一时间，该公司每天的成交量与换手率惊人。对于高频交易者而言，这种交易使其获利颇丰。究其原因在于，在返佣政策下，高频交易者只需要提供交易所规定的流动性（学术界定义的流动性也是如此），而不用深究公司的基本面价值就可以抓住绝好的赚钱机会。但这样的流动性并不是市场所需要的，没有任何实际意义，因为投资者们不会争先恐后购买一家即将破产公司的股票。

伴随计算机运算速度的加快与交易平台竞争的白热化,高频交易者不执行交易而仅仅"制造"一笔交易,就能取得返佣。于是,高频交易者每天就像变戏法一般进行着上亿的交易,他们看准目标公司,在其他公司买入前,抢先买入以赚取返佣,然后快速地在其他公司卖出前卖出,再次赚取返佣;或者直接利用其计算机速度优势,在订单簿上挂一个大单后又快速撤离,如此反复操作以赚取返佣。普通投资者们只能眼睁睁地看着这些报价单在屏幕上如魔法般出现,真正想交易时却发现报价单凭空消失。

在这种扭曲的模式下,市场中许多"为交易而交易"的高频交易公司与高频交易者成长起来。第二次世界大战结束后的50年间,全球市场投资者投资一只股票的平均持有期是4年;到2000年,变成了8个月;到2008年,变成了2个月;到2011年,变成了21秒。一位高频交易公司创始人自豪地宣称:他的公司股票平均持有期为11秒。在美国,股票市场已经有70%的交易量来自高频交易。但是,极具讽刺意味的是,一直恪守"消灭做市商"信条的高频交易先驱们,在发明了"做市商交易制造机制"并让其主导市场后,亲手制造了新的更具有攻击性的做市商——高频做市商。

二、高频交易的功与过

中国资本市场与美国资本市场最大的不同是市场结构。在美国,有30多个相互竞争的交易场所,一只股票可以在全美市场自由买卖,例如,投资者在纽交所买入的一只股票可以在纳斯达克卖出,由此形成了分割的市场结构。在中国,虽然也有上海与深圳两个股票交易所,但投资者在深圳证券交易所买入的股票只能在深圳证券交易所卖出,而不能在上海证券交易所卖出,所以从股票交易过程完整性的角度而言,中国市场并不是分割的结构。

高频交易在美国资本市场最大的功能就是连接了分割的市场结构，具体体现为：其一，高频交易革新了整个资本市场，淘汰了低效率的人工做市商，结束了大型交易所垄断市场的无序状态，使得各个不同的分割市场得以结合。这种情况不仅仅出现在美国，全球的资本市场都得益于以高频交易技术为代表的交易系统，使得跨区域甚至跨国界快速买卖证券成为可能。其二，高频交易完善了资产价格反馈机制。得益于高频交易，多个分割市场能够结合在一起，资本市场能够更有效、更容易形成公平交易的价格；而一旦价格偏离正常水平，高频交易者们也会立刻出现，使得价格快速回到合理区间。

但是，高频交易有时也会违背公平原则，损害其他低频投资者的利益。因为高频交易的部分策略是通过利用传统交易所或电子交易平台提供的特殊指令类型或特定服务来获取利润，"穿梭"于传统投资者的交易指令间隙，属于"寄生"于传统交易市场之中的交易模式。

三、对中国市场的启示

随着中国资本市场的逐步开放，高频交易或将成为中国投资者的一项重要交易策略。由于国内并不存在分割的市场结构，做市商交易制度才刚刚起步，高频交易在国内的策略主要是类做市策略、方向性策略和套利策略。类做市策略只是用了做市的方法，并没有真正做市；方向性策略是一种投机性质的交易模式，这两类策略往往没有基于基本面信息，只是通过分析市场其他投资者的订单获取利润；套利策略则有利于市场找到真实价格，有益于市场发展。

因此，中国市场的管理者应总结相关经验，未雨绸缪：

一是要全面认识高频交易对市场的影响。目前，社会各界对于高频交易的影响并没有形成统一的意见。一方面,高频交易通过缩短交易时间、降低交易成本等途径提高了市场运行的效率,它作为流动性的提供者对市场的形成和交易的达成起了基础性作用;另一方面,如果对高频交易缺乏适当的约束,高频交易所提供的流动性可能将不再真实;而高频交易的"寄生"性质也有违公平原则,损害了其他投资者的利益。总的来说,高频交易有利有弊,中国市场的管理者只有全面认识其功能和作用,才能真正发挥这一交易模式的最大作用,同时减少其可能带来的危害。

二是关注高频交易发展过程中的市场公平问题。虽然高频交易的初衷是为了打破人工做市商的垄断格局,使市场信息更为充分地传播,使投资者得以直接自主交易。但追根究底,高频交易得以繁荣的原因是其拥有追逐利益的特性。中国市场的管理者需要格外注意,因为高频交易极有可能被过度使用,如若没有健全的法律法规和完善的监管制度,市场的公正性很难保证。

三是放开发展高频交易的现实需求暂时不存在。长期来看,高频交易的发展是大势所趋;然而,中国和美国等国家不同,中国的证券交易所并不存在独立分割的情况,股票市场也并没有所谓的做市商,期权市场的做市商机制也才刚刚起步,这使得高频交易最有益的作用——连接市场、消除做市商、提高效率的功能无从发挥。从这个角度看来,至少在现阶段,中国并不需要过多的高频交易,研究并制定监管规则才是当务之急。

第二节 高频交易的主要策略

随着金融市场的日益开放与产品复杂性的增加,越来越多的机构投资者会将高频交易作为一种分散化投资的交易方式。本节回顾了海外机构投资者使用高频交易的三种主要策略：做市交易、套利交易与方向性交易；分析了海外监管机构提出的针对高频交易的风险管理措施，包括交易前风险控制、交易后备案机制、交易系统安全防护机制和其他辅助风险管理措施；在总结国内期货市场发展近况的基础之上，提出了针对国内市场引入机构投资者使用高频交易时的政策建议。

2013年8月16日的光大证券"乌龙指"事件之后，如何在防范风险的基础上发展程序化交易和高频交易成为市场各方关注的焦点。随着金融市场的日益开放，多种复杂金融衍生品相继上市，机构投资者势必将高频交易作为自己分散投资的一种交易策略，尤其是其中的做市交易策略，更会成为期权等复杂产品的主要交易模式。

传统的基本面投资是基于市场均衡假说的长期投资方式，而高频交易的交易理念则基于人类认知局限与市场价格始终处于动态形成过程中，是一种超短期的投资方式，主要策略是做市交易策略、套利交易策略与方向性交易策略，而其中做市交易策略是最主流、占据最大交易比重的交易策略，它构成了对基本面投资的有益补充。

一、做市交易策略

做市交易策略是高频交易最主流的策略，做市商在订单簿的两侧同时提交限价订单，为那些想立即进行交易的市场参与者提供流动性，做市商自身则获取买卖价差作为盈利。当然，做市商与知情交易对手进行交易可能造成损失，其风险由做市商自行承担。因此，做市商可确保他们的买卖限价单尽快地反映所有的信息，以便限制可能输给知情交易对手的损失。基于这一理念，高频交易做市商频繁更新他们的报价，以回应其他订单的请求和撤销，由于这种不断持续的更新过程，高频交易做市商往往对每笔交易都提交和取消大量的订单。

在大部分美国证券市场,流动性提供者也能赚取流动性回扣,这有时被称为"做市商的手续费"。一些高频交易商正式注册成为这样的交易场所,其他则作为非正式交易商。这种选择通常取决于成为注册做市商的义务和福利,会随着资产和交易场所的不同而变化。例如,对于2008年9月美国证券交易委员会(SEC)禁止卖空金融股票的禁令,非正式做市商必须遵守。无论是正式或非正式的做市商,高频交易做市商已在很大程度上取代传统的人工做市商,这一是因为他们不太可能被知情交易对手利用并造成损失,二是因为技术进步为高频交易做市商降低了成本。

二、套利交易策略

套利交易策略是高频交易商利用市场价格在形成过程中的短暂不平衡获利。

套利交易策略的经典案例是指数套利。例如,S&P 500指数期货合约在芝加哥交易所交易,被动投资型指数基金(SPY)则是跟踪S&P 500指数期货合约最大的交易所交易基金(ETF),这两种产品非常类似,所以其价格变动也应步调一致。如果期货价格由于买单的进入而上升,但SPY价格没有与此同时上升,高频交易商会迅速买入SPY并卖出S&P 500指数期货合约,锁定一个约为两种产品价差的小幅盈利。这种交易模式也说明执行套利交易策略的高频交易商具有"赢家通吃"的特点,如果一个高频交易商始终比其他任何市场参与者的速度快,它将迅速买下所有被错误定价的SPY并卖出被错误定价的S&P 500指数期货合约,从而使速度稍慢的交易商再无交易机会。指数套利也可以发生在上述的指数产品与组成指数的成分股之间。举例来说,如果

S&P 500 指数期货合约价格上升,但是其成分股并无价格变动,高频交易商将以正确的比例迅速买入多只股票,并消除错误定价。

套利交易策略也可以发生在个股之间。例如,西班牙 Banco Santander 银行在西班牙交易,但是在纽交所有其 ADR 交易;一些公司有多类普通股,或其他权益类挂钩的证券,如可转债等;只要两个密切相关的金融产品价格暂时偏离,高频交易商即可获利。

三、方向性交易策略

在方向性交易策略中,高频交易商会和基本面投资者一样预测价格走势,但不同之处在于,高频交易商持仓时间非常短,他们仅仅是寻找超短期之内的交易机会。

高频交易商会解析新闻、公告、宏观经济等信息,并推断信息的方向并进行交易。例如,高频交易软件会寻找诸如"提升""更高"或"增加"等"预测盈利"的字眼,最终以毫秒为单位提交订单。事实上,如今大多数新闻台在公布新闻报道之前会自行进行文本分析,并向高频交易商公布新闻摘要,因此,高频交易商也不必再自行分析,从而节约珍贵的若干毫秒时间。

高频交易商也会基于订单流动信号进行交易。例如,如果一个大额买单在当前卖出价格执行,高频交易商可能因此推断提交订单者拥有大量正面消息,高频交易商会立即买入股票以作回应。

方向性交易策略中争议较大的是订单预期策略,此时的高频交易商会将以基本面分析为主的传统机构投资者作为自己的交易对手。例如,如果一个传统机构投资者逐步买入 IBM 股票,高频交易商可能会通过确认几分钟之内的大额买单顺序敏锐觉察该操作,从而提前买入 IBM 股票,推动价格上涨,这不仅会增加传统机构投资者买入成本,而且高频交易商往往是将刚买入的IBM股票又以较高的价格出售给传统机构投资者最终获利。为了阻止订单预期策略,传统机构投资者会努力掩饰其整体交易的目的,通过分拆订单,使其看起来像散户投资者的无信息订单。传统机构投资者也可能通过"暗池"交易或隐藏订单以避免暴露其交易意图。这种交易策略实际上加剧了短期高频交易商与长期基本面投资者之间的利益冲突。

第三节 高频交易的案例——"闪电崩盘"

近年来,高频交易日益成为全球金融市场关注的焦点。特别是2010年5月6日美国股市的"闪电崩盘",更是将高频交易推到了风口浪尖。高频交易可以使投资者快速获取市场数据、完成内部计算、提交订单及接受指令执行情况,运行速度可达毫秒甚至微秒,高频交易所占份额在发达国家和地区的金融市场呈逐渐上升的态势:在欧洲占比为40%、在美国占比为40%—70%,即使在占比较低的澳大利亚也占10%以上(澳大利亚证券和投资委员会,2010a)。高频交易这种新的交易方式改变了市场微观结构,引起了各国监管者的密切关注。

一、"闪电崩盘"现象

2010年5月6日,美国股票市场指数、股指期货、股指期权、ETF在30分钟内突然大幅下跌5%以上,然后快速反弹,这被大家称为"闪电崩盘"。这次事件引发了人们对美国金融市场的结构和稳定性的讨论。

2010年6月23—29日的市场策略国际组织的一次调查显示,超过80%的零售投资者认为过度依赖计算机系统和高频交易是"闪电崩盘"

的主要原因。其他原因还包括市价与止损指令的使用、做市商交易行为的下降以及证券交易所之间的指令路由问题。2010年8月11日,在CFTC和SEC举行的听证会上,个人投资者、资产管理公司、市场中介表示,在电子交易市场上,类似事件很容易再次发生。

CFTC经济学家Andrei Kirilenko及相关研究人员对电子迷你标普500指数期货在"闪电崩盘"当天的市场结构进行了研究(以下简称该研究)。电子迷你标普500指数期货于1997年9月9日推出,在GLOBEX交易平台上交易,主要交易都集中在近月合约。该合约初始保证金分别为投机者5625美元、保值者4500美元,维持保证金均为4500美元。该研究试图回答三个问题:高频交易商和其他类型投资者在"闪电崩盘"当天是如何交易的?是什么触发了"闪电崩盘"?高频交易商在"闪电崩盘"中扮演了什么角色?

二、"闪电崩盘"的原因

Andrei Kirilenko的研究结论如下:

2010年5月6日,投资者已经对欧洲主权债务危机感到非常紧张。市场开盘时,传来"希腊政府能否对主权债务履约"的消息。结果,希腊和一些国家主权债券的违约保护升水提高。此外,标普500波动率指数上升,10年期美国国债收益率下降,投资者"逃向优质品种"。当天中午,道琼斯指数已经下跌约2.5%。

当天下午两点半之后,基本面卖方开始执行大额卖出指令。通常情况下,这样的大额卖出指令不会立刻执行,而是会分散到一个较长时间,如几个小时中执行。基本面卖方交易指令的卖压显著超出了基本面买方所能承受的能力。

高频交易者和中介机构可能是最先接手来自基本面卖方卖压的买

家,因此他们积累了临时的多头头寸。在这个卖出指令执行的最初时刻,高频交易者和中介机构给市场提供了流动性。但是,就如同在"交易池"时代的市场中介一样,高频交易者和中介机构并无欲望较长时间持有头寸。在接手卖压买入几分钟后,高频交易者开始进攻性地卖出合约以降低库存。随着他们卖出合约,高频交易者不再是流动性提供者。实际上,这个时候他们和基本面卖方一起都在争夺市场流动性,加剧了原来卖出程序的价格冲击。

在"闪电崩盘"以及之前的几分钟内,总交易量和高频交易者的交易量显著增加。最终,随着电子迷你标普500指数期货价格快速下跌,很多交易者不愿或不能够再申报指令,高频交易者之间频繁地互相买卖,形成"烫手山芋"效应。

这时,基本面买方尽管可能已经意识到价格的暴跌可能会带来巨大利润,但他们不愿意或不能够提供大量买方流动性。结果,在下午2:45:13—2:45:27这段时间内,电子迷你标普500指数期货价格又下跌了1.7%。

到了下午2:45:28,电子迷你标普500指数期货自动启动了5秒钟的交易暂停。之后,机会交易者和基本面买方进攻性地执行交易,使价格迅速回升。高频交易者则继续快速买卖,同时,有一半的中介机构关闭头寸,退出了市场。

三、"闪电崩盘"的启示

Andrei Kirilenko研究了在2010年5月6日极端波动情况下高频交易者和其他类型投资者的交易行为。根据分析,高频交易者的交易模式和做市商是一致的。他们给市场上需要流动性的投资者提供了时间非常短的短期流动性,这一活动伴随着大交易量和低持仓量。结果是,不管是在通常情况还是高价格波动的情况下,高频交易者都不愿积累大的头寸或者承受大的亏损。另外,他们的大交易量会给基本面交易者带来流动性良好的错觉。最后,在平衡头寸时,高频交易者可能会争夺流动性,放大价格波动。因此,该研究认为,不考虑技术因素,市场也可能因这些情况导致的不平衡而变得非常脆弱,即交易者想买卖的数量高于中介机构愿意临时持有的数量,或者即使价格出现显著折让,长期流动性提供者也没有进入市场。该研究认为,技术创新对市场发展是非常重要的。但随着市场的改变,合适的保护措施也必须跟上,才能适应技术进步带来的交易行为变化。

"闪电崩盘"现象给中国市场如下启示:

第一,高频交易者与流动性的关系比较复杂,有些策略为市场提供短期流动性,有些策略则可能会加大市场的异常波动。正如商品互换交易,交易对手有些确实是实体企业,有些却是投机者或操纵者,因此简单地把商品互换交易认定为投机操纵或保值都有失偏颇。所以,需要进行更为精细的管理,才能趋利避害,更好地发挥市场功能。

第二,高频交易者在正常情况下提供流动性(自动做市商),但在外界发生巨大变化时,为保证自己的中性头寸,他们可能转而消耗市场流动性。因此,仅仅依靠高频交易者提供流动性只有在市场平稳时是有效的,但在市场发生大的变化时可能是危险的。此时的对策可以是:(1)在一定范围内允许高频交易者操作,但在发生大变化时提供流动性补偿机制,如芝加哥商业交易所停止交易5秒钟的机制等;(2)发展义务做市商,维持市场平衡。

第四节 海外市场对高频交易的监管应对

一、高频交易的发展历程及主要问题

2007年,Reg NMS正式实施,其中的访问规则(Access Rule, Rule 610)与指令保护规则(Order Protection Rule,Rule 611)促进了高频交易的迅猛发展。

Reg NMS的访问规则通过要求公平获得报价、设置访问费用限额来协调不同交易所的定价,并要求证券交易所和证券交易商禁止会员参与锁价或交叉保护报价。该规则的实质是交易中心会员在公平有效获取交易设施报价咨询的前提下,允许非会员以间接方式获取报价咨询,并在收费和待遇方面实现公平。

Reg NMS的指令保护规则以保护投资者获得交易中心自动执行报价所能达到的最优价格为基本原则,旨在解决不同交易中心的竞争问题。指令保护规则保护了投资者的限价委托单交易,提高了市场流动性;然而,Reg NMS并没有禁止穿价交易,而是要求各交易中心尽量避免穿价交易。例如,扫架订单就是一种限价订单,要求交易中心迅速执行订单而不考虑其他更优价格,这主要是为信息交易者执行大额订单时提供的一种有效执行方式。由此可见,指令保护规则也无法保证投资者总能以最佳价格成交。

Reg NMS的初衷在于连接美国诸多分割的股票市场(截止到2012年8月,美国股票市场由13家股票交易所、50家另类交易系统与"暗池"交易组成),形成统一的全国市场,访问规则与指令保护规则的作用正是在于限制单独市场成交而促成全国市场交易。然而,当指令在分

割的市场结构中穿行并寻求最优报价时,高频交易的生存机会得以出现,高频交易可以通过自身的速度、技术优势在订单簿中找到更加有利的排队位置,从而牺牲长期投资者与速度较慢投资者的利益,使其无法获得最优价格。高频交易商会利用不停的报单撤单策略(spam and cancel)来寻找最优的排队位置,交易所也会出于自身考虑为高频交易商提供专门的配合其报单撤单的交易指令(hide and light),高频交易商还会利用传统机构投资者与经纪人不熟悉的扫架订单来规避 Reg NMS 的最优价格原则,这些都改变了美国股票市场的微观结构,形成了新的生态系统,也在高频交易商与传统机构投资者、速度较慢投资者之间产生新的利益冲突。

综上所述,高频交易的超额收益来源于其指令排队优势、避免寻找全市场最优价格、捕捉回扣流动性等,因此,对特殊指令的理解与对市场微观结构的研究成为高频交易中最优价值的投资策略。然而,高频交易的主要问题并不在于其高速与交易策略本身,这些都合乎规范与道德标准,只是高频交易的商业模式并非建立在自身规模与交易量之上,而是通过利用传统交易所或新兴电子交易平台提供的特殊指令或特定服务来获取利润,高频交易"穿梭"于传统投资者的交易指令间隙,属于"寄生"于传统交易市场之中的交易模式,这实际上有违公平原则,损害了其他低频投资者的利益。

二、极端市场情况下的高频交易

(一) 高频交易的两面性

尽管高频交易在正常市场情况下通过逆向选择缩小了买卖价差,大量订单有效缓解了日内波动,避免与掌握更多信息的交易者交易而改善价格发现过程,提高了报价的信息含量;但在极端市场情况下,高频交易使得交易偏离价值,加剧市场波动。典型案例是1987年美国的"股灾"与2010年的"闪电崩盘"。

　　1987年美国的"股灾"的根本原因不是高频交易的泛滥,而是当时美国经济基本面恶化,但高频交易往往对市场信息反映更快,因此加剧了股市的下挫。而在2010年5月6日下午,美国股票市场中的股票指数、股指期货、股指期权和ETF在30分钟内经历了5%—6%的突然下跌而后迅速恢复,部分学者认为是高频交易助长助跌的投机性导致了市场恐慌。相关研究表明,在"闪电崩盘"的时间段内,基本面消息导致市场快速下跌,流动性的缺失使得投资者大量使用扫架订单。这期间的扫架订单的交易量占据市场交易量的32%,贡献超过50%的市场价格波动,进一步加剧了流动性的缺失。而在市场恢复过程中,扫架订单又加快了市场价格的回归。这说明"闪电崩盘"现象的直接原因在于美国股票市场中不同交易市场之间的连接具有脆弱性,统一的市场结构并不稳定。高频交易虽不是导致"闪电崩盘"的直接原因,但它在市场出现极端情形时没有为市场提供流动性,属于脱离资本市场基本功能的交易行为。

　　"闪电崩盘"并非由高频交易造成,基本面净卖方的大宗交易、市场分割以及多元的跨市场交易机制才是"闪电崩盘"的主要原因,然而,高频交易商的短期趋势交易和目标存货水平控制使得其在市场出现剧烈波动的过程中极有可能从流动性供给方转而成为流动性需求方,从而进一步加剧了市场的波动。从这个角度来看,通过限制高频交易商在高波动性市场中的交易行为,或许能够控制其在市场中推波助澜的作用;与此同时,在市场发生极端情况下,要求指定做市商继续履行做市义务,同时补偿此阶段做市商的交易损失,或许可以避免出现如此极端的情况。

(二) 美国应对极端情况发生时的高频交易监管措施：流动性保护机制

美国期货市场存在一系列流动性保护机制，可以保证极端情况发生时市场安全稳定运行。

1. 止损价格逻辑机制

芝加哥商业交易所(CME)的 Globex 系统设有止损价格逻辑(stop price logic)机制，用以缓解市场价格的剧烈震荡。这种震荡可能在由于流动性不足导致止损指令连续触发时发生。止损价格逻辑机制的基本原理为，如果止损指令的成交价格超出预定的触发点(threshold)，市场就自动进入一个短暂的保护状态。其持续时间是事先预定的，如 5 秒到 10 秒之间。在这段时间内，没有买卖指令会进行匹配，但除市价指令外的其他新买卖指令仍可进入系统，并可以被修改和取消。止损价格逻辑机制通过向市场提供必要的调整时间来重获流动性与均衡价格，避免在单边行情下大量止损订单导致"瀑布效应"。

在 CME 上市交易的电子迷你标普 500 指数期货(E-mini S&P 500)止损价格逻辑功能的触发点和持续时间分别是 6 个指数点位(这大约是标普 500 指数期货数值的 1% 的 1.5 倍)和 5 秒。例如，2010 年 5 月 6 日，E-mini S&P 500 指数期货的止损价格逻辑就被触发。当天下午 1 时 45 分 27 秒，即系统进入保护状态前 1 秒，当月(front month) E-mini S&P 500 股指期货合约恰在 1070 点之下交易。卖方卖出单使指数跌至 1062 点。又有一个 1062 点 150 手的止损卖单使指数跌至 1060.25 点，其他一些止损卖单也被同时执行，并使指数跌至 1059 点。这触发了另一个 1059 点 150 手的止损卖单，该单被执行后，指数继续跌至 1056 点，该点位本应触发更多止损订单。但是就在这时，也就是下午 1 时 45 分 28 秒，由于从 1062 点到 1056 点之间 6 个点位的跌幅，止损价格逻辑被触发,E-mini S&P 500 指数期货市场进入保护状态。5 秒后,市场脱离保护状态。由于这个短时的交易暂停,E-mini S&P 500 指数期货的下跌停止了,市场脱离保护状态时的初始点位为 1056.75 点,并且随后急速回升。

2. 价格波动带机制

为确保公平、稳定和有序的市场,Globex 系统通过价格波动带机制(price banding)来检验所有指令的价格。价格波动带机制防止过高买价或过低卖价指令进入市场,避免这些指令引发市场过度波动。CME 利用最新相关的市场信息来确定合理的价格波动带数值。对期货来说,这些信息包括交易、最优买卖报价、潜在买价和卖价以及开盘价格等;对期权而言,这些信息包括最新价格以及基于定价算法的理论价格。以 E-mini S&P 500 指数期货为例,一笔买报价单比前一成交价高 12 个点位或卖报价单比前一成交价低 12 个点位,系统将拒绝该报价单。

3. 市价指令和止损指令的保护点

CME 的 Globex 系统自动给期货的市价指令和止损指令设置了一个保护点(或限定价格,protection point),有效预防因流动性不足导致这些指令以极端价格交易。保护点的值因产品而定,例如,E-mini S&P 500 指数期货的保护点值设为 3 个指数点。CME 的 Globex 系统通过保护点值和最佳买价或卖价计算出市价指令的限定价格,通过保护点值和止损指令的触发价格计算出止损指令的限定价格。一个市价指令或止损指令执行后,余下未被匹配的数量就变成一个限价指令,其限价为应用保护点后的限定价格。例如,E-mini S&P 500 指数期货目前的成交价为 2000 美元,保护点为 3 个指数点,1997—2000 美元之间的买入限价指令为 20000 手,当一个 30000 手的市价卖出指令(或止损指令)进入交易撮合系统时,其中的 20000 手卖出指令会以 1997—2000 美元的价格即刻成交,10000 手卖出指令会被系统转变成 1997 美元的限价卖出指令。保护点可以防范大量的市价指令或止损指令在指令的深度和广度不足时引起的大幅价格波动。

4. 指令最大数量保护机制

Globex系统的指令最大数量保护机制(maximum order size)禁止超过预定数量的指令进入交易系统,以防止投资者按错键引起错误下单而导致的价格大幅波动。以 E-mini S&P 500 指数期货为例,指令数量最大单笔为2000手。

5. 熔断制度

熔断制度(又称断路器制度)是由于价格急剧波动而触发的暂停交易措施,是动态涨跌幅、静态涨跌幅和波动断路三者相结合的一种价格稳定机制。其基本原理是,当某产品前后两笔交易价格达到一定幅度(动态涨跌幅)或最新价格达到参考价格(如前一日收盘价)的一定幅度(静态涨跌幅)时,该产品的连续交易中断,启动集合竞价,集合竞价后继续连续交易。熔断制度既可以不限制某个产品的当日最高涨跌幅度,又能起到冷静市场、限制临时波动的作用。

CME熔断制度与纽约证券交易所(NYSE)的规定一致,支持其10%、20%和30%的熔断限制条件,即要求在道琼斯指数下跌10%、20%和30%的点位上分别设立"熔断点"。具体而言,如果道琼斯指数在下午1点前下跌20%,交易会被停止2小时;如果其在下午1点到2点之间下跌20%,交易会被停止1小时;如果其于下午2点前下跌10%,市场会休市1小时;如果其于下午2点到2点半之间下跌10%,交易会停止半小时;如果其于下午2点半以后下跌10%,则交易不会停止;如果其在2点以后下跌20%,当日剩下的交易时间将不再交易;如果其在任何时候下跌30%,当日剩下的交易时间也将不再交易。NYSE在每个季度开始时,利用道琼斯工业平均指数前一个月的平均收盘价计算熔断制度的触发水平。当现货市场的交易停止时,CME指数期货产品将无条件停止交易,不管特定产品是否达到交易停止限制。

三、高频交易改变发达国家现有监管制度

在发达国家,高频交易占交易所交易总量的比重越来越大,欧美等国都适时调整了自己的监管制度。

(一)引入相应措施加强高频交易监管

近年来,SEC出台的对高频交易的监管措施主要有以下四项:

1. 禁止闪电指令(flash orders)

2009年9月,基于市场公平性的考虑,SEC正式提议:禁止能使高频交易商比其他市场参与者提前数毫秒看到交易指令的闪电指令。

2. 禁止无审核通路(naked access)

无审核通路是指经纪商在没有任何审查的情况下,将向交易所发布指令的席位和高速通道租用给交易者以提高交易速度。2010年1月13日,基于指令错误会增加经纪商和其他市场参与者风险的考虑,SEC公布了监管提案,要求经纪商实行风险监控流程,在指令到达交易所之前,过滤错误和超过交易者信用与资本金承受风险范围的交易指令。

3. 对巨量交易者(high-volume traders)分配识别代码

2010年4月14日,SEC提议:为交易量符合一定标准(单日买卖股票超过200万股、单日执行价值超过2000万美元,或单月执行价值超过2亿美元)的交易者分配识别代码,在交易发生后的次日,经纪商需要将交易记录上报SEC,以便分析与调查其是否存在操纵市场等行为。

4. 托管(co-location)

2010年6月11日,CFTC发布对托管的监管提案,包括:对愿意付费的所有合格投资者提供托管服务、禁止为阻止某些市场参与者进入

市场制定过高费用、时滞透明公开、第三方提供托管服务时，需要给交易所提供市场参与者的系统与交易信息。

(二) 考虑继续实施针对高频交易的新监管

1. 审计并跟踪合并后的订单簿数据

在美国股票市场，多家传统交易所与新兴交易平台形成了分割的金融市场结构，即单只股票可以在不同的交易场所进行交易，而高频交易的诸多策略正是利用了这种分割的金融市场结构在不同交易场所进行交易。然而，每个交易场所只披露自身的价格数据，并未披露完整的、格式统一的订单簿数据。作为高频交易研究的理论基础——市场微观结构，正是基于订单簿数据形成的理论与研究成果。监管者需要审计并跟踪不同交易场所合并之后的订单簿数据（如如何评估频繁的报单与撤单）才能进行严谨的科学研究并提出合理的监管措施，所以审计并跟踪合并后的订单簿数据成为大势所趋；然而，如何权衡成本与收益、统一美国30余家交易场所的订单簿数据将是监管者面临的巨大挑战。

2. 容量问题与过度指令收费

容量问题一直都是交易场所需要考虑的重要问题，例如，在2010年5月6日"闪电崩盘"的下午，NYSE就没有足够的容量来处理非常时期大规模的报单与撤单，高频交易飞速发展带来的频繁交易更是将交易场所的容量问题提到了重要位置。

目前，交易场所开始考虑限制指令成交比例（orders-to-executions）和过度指令收费，例如，纳斯达克的管理层于2010年开始讨论是否将指令成交比例降至10%以下，同时针对在全国最佳报价（the national best bid and offer，简称NBBO）之外超过总指令量0.2%的每笔指令收取0.005—0.03美元。不仅在美国，在欧洲的交易场所也有类似考虑，例如，NYSE Euronext针对指令成交比例高于100%的每笔指令征收0.1

欧元的费用。然而,目前针对这种收费模式还没有严谨的学术研究,尚无法确定其是否会损害市场流动性(尤其是市场深度),监管者在大规模推广此类监管措施之前还需仔细研究,并慎重考虑。

3. 指令停留时间限制

SEC 于 2010 年考虑对指令停留的最短时间作出规定,其设想是在投资者提交指令 50 毫秒内不得撤单,希望能够以此限制闪烁指令交易(flickering quotes);然而,这种规定会导致市场价格的较大变动,同时降低市场流动性。指令停留时间限制相当于流动性提供者给予流动性需求者一个期权,而期权价值就体现在流动性中,具体表现为买卖价差增大。所以,指令停留时间限制尚存较大争议。

4. 交易税

部分监管机构希望能够通过税收限制高频交易,同时提高政府收入;然而,税收会增加投资者交易成本、降低市场流动性、增加市场波动性、降低市场中价格的信息含量,最终破坏市场的正常发展路径。

(三)欧洲针对高频交易怎样监管还在讨论阶段

在欧洲,MiFID 与 Reg NMS 的本质区别在于"最佳执行"义务的执行主体和标准不同。Reg NMS 强调由市场作为主体执行客户指令,以"最优价格"为标准履行"最佳执行"义务,这形成了统一的市场结构;MiFID 则由投资公司作为执行主体,综合考虑价格、成本、速度、指令执行可能性、规模、性质等多种因素后执行客户指令,因此在欧洲形成了分散的市场结构,这使得欧洲的高频交易与美国的高频交易相比,交易成本大幅增加。

MiFID II 计划引入一系列安全保护措施,一方面针对使用算法交易的市场参与者;另一方面也针对发生算法和高频交易的交易场所,具体包括:

（1）要求各种算法交易商将策略向监管者报告，交易场所会员在为高频算法交易商接入市场时加以更严格的检查。目前，监管者不清楚高频交易商使用何种策略产生交易指令，交易场所会员可能对使用其系统的高频交易商的行为与策略不加检查。

（2）交易场所被要求对诸如非正常交易、过度价格波动和系统超载等加以强有力的控制。为降低系统负载，应对市场参与者发出的指令数量并加以限制，交易场所通过降低报价单位费用或设计收费系统来吸引指令流量也要有个限度。下单成交比和最小波动价位将在未来加以明确。

（3）算法交易商被要求进行连续交易，以减少价格波动，使得交易更加有序。

（4）交易场所被要求在熔断制度上更加协调。

（四）德国出台第一部针对高频交易的监管法案

德国金融监管部门认为 MiFID Ⅱ 的审议时间较长，而针对高频交易的监管已迫在眉睫。2012 年 9 月，德国联邦金融管理局（German Finanicial Supervisory Authority，简称 BaFin）出台了全球第一部专门针对高频交易的监管草案（Act for the Prevention of Risks and the Abuse of High Frequency Trading），该草案分别于 2013 年 2 月、3 月在德国众议院与参议院通过。该草案的目的在于控制德国交易场所（传统交易所与多边交易设施）内高频交易可能带来的风险，主要框架与措施如下：

1. 将高频交易商纳入监管对象

在德国金融市场中，当高频交易商使用自己的账号交易或在其没有提供金融服务时（除非高频交易商提供做市业务）无需受到 BaFin 的批准与监管；然而，在新的高频交易监管草案中，上述交易商都将根据《德国银行法》（German Banking Act）的要求成为监管对象，同时对新设立的高频交易商实行市场准入制,明确高频交易商从事做市业务时的做市义务。不过,根据该草案的表述,尚不清楚当高频交易商不是交易场所会员而是通过赞助通道(sponsored access)或直接接入(direct market access)市场时是否也须遵循上述规定。

2. 建立有效的风险控制系统

在新的高频交易监管草案中,高频交易商的风险控制系统需要满足以下要求:(1)交易系统要有弹性,有足够的容量应对极端情况下的交易。(2)交易系统要保证没有错误指令的传输,同时具备市场一旦出现混乱情形时的自我保护功能。(3)交易系统不得干扰市场的正常运行。

3. 界定了高频交易中的市场操纵行为

欧洲证券与市场管理局(The European Securities and Markets Authority,简称ESMA)认为如下高频交易中的行为可能导致市场操纵:(1)试探性指令(ping orders),是指向市场发出少量指令以探明潜在流动性的指令。(2)误导簇交易(quote stuffing),是指向市场发出大量的报单或撤单以增加其他参与者判断的不确定性,最终误导并延缓其他参与者交易行为而完成自身的交易。(3)引发动量交易(momentum ignition),是指向市场发出一系列报单或撤单以引导其他市场参与者跟随这一趋势,从而在市场价格形成过程中达到自身最优交易价格的交易。(4)分层与欺诈交易(layering and spoofing),是指提交很多订单并使其分布于整个订单簿,而订单的真实意图只在订单簿的一侧达成,交易一旦完成,另一侧操控性质的订单便撤销。

与通常市场操纵行为以是否影响市场价格为标准不同,高频交易中的市场操纵行为判定基于如下几点标准:(1)是否干扰或延迟了交易系统的正常运转;(2)是否使得第三方在交易系统中较难作出买入或卖出的决定;(3)是否对某些金融资产的供求关系造成影响或误导。

4. 交易场所需要建立预防机制

无论是传统交易所还是多边交易设施都需要建立预防机制,以应对市场价格急剧波动情形。例如,德意志交易所集团有根据市场波动中断高频交易的保护机制,判断市场是否波动过大的标准是根据历史数据计算并严格保密;部分交易所将频繁报单、撤单、改变订单等行为归类为过度使用交易所设施,并对这些行为征收一定的费用。

5. 指令成交比例(order-to-trade)与最小报价单位(minimum tick sizes)的限制

设置一定的指令成交比例可以防止高频交易商频繁报撤单,干扰交易系统的正常运行;降低高频交易的指令成交比例,则更容易在市场中形成真实的流动性,市场中其他参与者不至于无法获得高频交易提供的流动性,形成所谓飘忽不定的流动性。然而,指令成交比例该设置为多少却是一个难题,因为不恰当的指令成交比例会增大买卖价差、降低市场流动性,所以科学测试并设定指令成交比例成为该监管措施的关键。

最小报价单位对于高频交易来说至关重要,例如,高频交易中交易商的做市策略其实就是利用信息不对称赚取买卖价差。与指令成交比例类似,过大的最小报价单位会导致市场流动性降低,过小的最小报价单位会影响市场价格发现过程,因为高频交易商会利用过小的最小报价单位来掩饰自身的真实交易意图,从不使用高频交易策略的投资者处获取利润。因此,科学测试并合理设定最小报价单位是此项监管措施的关键。

与 MiFID II 不同,德国并未对高频交易商的指令停留时间有所限制。

6. 监管机构对高频交易更多的知情权

监管机构需要高频交易商提供更多的信息,包括高频交易策略的具体内容、参数设置等,以测试交易场所的系统能否承受此类策略,特别是在市场出现极端情形时。

(五)第一宗针对高频交易的处罚案例

2013年7月22日,CFTC与英国金融市场行为监管局(FCA)对高频交易公司 Panther Energy 及一名交易员进行处罚。2011年8月至10月间,该公司及该交易员涉嫌利用"超级电脑",在极短时间内发布大量欺骗性的交易指令(频繁报撤单),干扰了包括石油、大豆、小麦以及利率和股指在内的18个美国独立期货市场。据悉,CFTC禁止该公司和该交易员未来一年在美国进行交易,并要求该交易员上缴其总额达280万美元的交易收益,FCA则对其处以90.3万美元的罚款以及禁止从事交易6个月的禁令。此事件显示了金融监管机构加大市场监管力度,防止出现市场滥用现象的决心。

第五节 中国市场高频交易的监管政策建议

在中国国内商品期货交易、ETF套利、权证交易以及股指期货交易中,算法交易的应用正在兴起,高频交易也已显露端倪。由于国内交易所交易系统的前置机系统对报单数量有严格的限制,且做市商制度尚未建立,使得高频交易商无法提前知晓交易信息,这些都使得国内尚不存在严格意义上的高频交易。国内各交易所针对高频交易的认定通过两种渠道,一是高频交易商自身报备,二是根据交易所制定的认定标准筛选出的"高频交易客户"。国内各交易所主要从以下三方面进行程序化监管:一是实时监控委托、成交、持仓和盈亏等指标,同时加强对报撤单的监控,加大对重点实际控制关系账户的跟踪力度。二是通过对客户交易频繁报撤单、日内开仓量的控制,以及设置会员席位流量、限制行情刷新速度等手段,抑制可能影响市场平稳的高频交易。三是加强交易系统检测,对交易系统进行性能和容量的压力测试。

光大证券事件第一次反映高频交易在中国资本市场的潜在风险。事件原因是光大证券策略投资部使用的套利策略系统出现了问题,该系统包含订单生成系统和订单执行系统,订单生成系统的缺陷导致特定情况下生成了预期外订单,使得该系统在 2013 年 8 月 16 日上午 11 时 5 分 8 秒之后的 2 秒内,瞬间生成 26082 笔预期外的市价委托订单,且上述预期外的巨量市价委托订单被直接发送至上海证券交易所,订单执行系统在高频交易市价委托时未对可用资金额度进行有效校验控制,使得上证综指瞬时涨幅超过 5%,多只权重股涨停。光大证券事件的风险点在于:一是高频交易系统故障反映了技术型交易模式对技术水平的高度依赖,交易依赖的高科技手段往往也很脆弱;二是光大证券自身风险管理与公司治理存在重大缺陷;三是光大证券在建完股指期货空仓后才向公众公布事故原因,这是否有违市场原则、是否构成内幕交易,值得监管机构谨慎思考与处理。

随着中国金融市场的日益开放,海外新兴交易系统会逐步参与市场竞争,高频交易也会以其交易的快速性吸引国内投资者,分流国内交易场所的流动性。因此,如何在紧跟全球金融市场发展趋势的同时,在风险可控的基础上有序地发展国内金融市场中的高频交易至关重要。

第一,正确认识高频交易的功能与作用。在海外金融市场,高频交易发展得如火如荼。直观上看,高频交易的确和实体经济发展没有直接关系,但高频交易作为市场中流动性的提供者,其在市场的形成和交易的达成中起了基础性作用,否则实体经济中的套期保值者将无法找到交易对手。然而,当高频交易发展过度时,其提供的流动性并不真实,会演变成飘忽不定的流动性,这就需要加以防范。

第二,建立完整的风险防线以发展高频交易。在控制好风险之后,高频交易可以成为有助于市场发展的交易模式,监管机构可以建立高频交易的四道风险防线。第一道风险防线是在高频交易商处设立风险管理机制,主要控制交易的规模和频率。第二道风险防线可设立在交易所内,一是在交易前设立一定标准的前端控制,主要控制下单的规模和频率;二是根据市场波动水平设定中止高频交易的节点,这个波动水平标准需要严格保密以防市场操纵,当市场波动达到这一水准时即可启动中止高频交易的程序以防范风险。三是借鉴海外市场的监管趋势,对准入机制、容量、指令成交比例、最小报价单位等方面加以限制。第三道风险防线设立在清算会员内部,主要检查其是否有风险以及是否需要暂停交易。第四道风险防线是对中央对手方进行管理,这需要结合其自身数据评估高频交易的潜在风险。

第三,针对高频交易软件运行风险,重点加强交易所风险防范。高频交易为市场参与者带来一系列好处,但在速度、关联性和可靠性等方面也给市场带来新的挑战。近年来,国内外一些与高频交易相关联的典型事件已经引起公众关注。例如,2010年5月6日"闪电崩盘"事件、2012年8月骑士资本事件、"8·16"光大证券异常交易事件以及2013年8月纳斯达克股票市场中断事件等。美国开始更加强调质量控制和网络安全的规范化和标准化,通过引用工业标准的方式借助外力来系统、全面地防范高频交易带来的风险,这对于实现高频交易安全有着很强的借鉴意义。SEC发布的法规正式明确要求交易所等自监管组织的相关实体设计、开发、测试、运维、监控系统的规范与实际操作相一致,核心技术必须符合相应标准。中国市场高频交易还远没有发展到美国当前所处阶段,现阶段,除了督促机构投资者建立完整的风险控制机制外,应重点关注交易所交易系统。一方面,交易所交易系统要加大压力测试,加快系统处理速度,满足高频交易的需求,避免技术故障导致交易系统崩溃。另一方面,交易系统要能识别异常交易,在交易前做到控制订单流的规模和频率,通过预警、熔断制度等方式避免系统性风险的爆发。

第四,保证高频交易的公平性。中国需要向市场参与者提供公平的托管服务。托管服务的公平性有两层含义:一是对于所有市场参与者来说是公平的,即交易所除了保证服务器之间的物理距离之外,不再为托管者提供其他导致不公平的服务,并使托管服务条款透明化,托管费用收费合理化,降低市场参与者的进入壁垒。二是对于使用托管服务的高频交易商来说是公平的,即保证使用相同托管服务的市场参与者信息传递时滞相等。三是建立公平的信息披露制度。在对高频交易商诸多交易策略实施必要备案处理的基础上,建立完整、公平的信息披露制度,使得监管机构可以做到知晓风险、控制风险,为高频交易的更好发展营造良好的市场环境。可以参照 CFTC 在 2010 年 6 月 11 日发布的托管服务监管提案,以保证市场公平,内容包括:对愿意付费的所有合格投资者提供托管服务;不可以为了阻止某些市场参与者进入而制定过高费用;时滞透明公开,公布最长、最短和平均时滞;如果托管服务由第三方提供,交易所必须获得足够的与市场参与者系统和交易有关的信息,以便履行监管职责。比如,CME 对托管主机服务只提供一种收费标准,这些托管服务器虽然位置不同,但是连接到交易所系统的光纤的长度是相同的,这确保了相对公平,且只要愿意付费都可以有权得到相对公平的服务,而无须区分先来后到。

第五,特别关注跨市场联动可能引发的风险,防范高频交易中的市场操纵行为。在对高频交易的监管中,由于诸多策略都是跨市场联动的,高频交易商本身也会在不同市场之间配置资产,这就需要监管者尤其关注市场联动后引发的风险,协调多个市场监管部门的行动,制定跨市场联动的高频交易监管措施,守住高频交易不发生系统性风险的底线。高频交易中的市场操纵行为判定与传统以是否影响价格的标准不同，是以动机作为判定标准的，即是否干扰交易系统、误导投资者、影响金融资产供求关系。同时，还须借鉴海外市场的经验，针对试探性指令、误导簇交易、引发动量交易、分层与欺诈交易等行为建立自身的判定标准体系。

第六，丰富交易品种，防止策略同质化严重导致市场系统性风险累积，引发市场剧烈波动。当前，中国期货、现货市场成交持续低迷，波动率下降，高频交易策略同质化现象已比较严重。传统的高频交易策略优势降低，策略有效周期缩短，各类套利交易盈利困难，而且多样性的丧失会导致系统性风险的积累，当市场剧烈波动时甚至可能助涨助跌。因此，在现阶段应加快推出交易品种。但是在积极推出各类衍生品的同时，也应充分认识到欧美金融业的衍生品设计存在一个相当严重的问题，就是不再秉持有助于实体经济发展的需求导向，而是偏向金融机构本身盈利的创收导向。这就使很多金融衍生品存在的实际意义和高频交易方式被质疑。

第七，制定市场极端情况下的高频交易监管措施。根据海外市场高频交易的发展现状来看，正常市场情况下的高频交易并无异常，但市场极端情况下的高频交易会引发诸多问题。中国监管机构需要吸取海外市场的经验教训，详细分析高频交易策略的种类、理念和操作手法，及时识别并限制对市场和其他投资者有害的投资策略，尤其需要通过压力测试、计算金融等方法科学模拟市场出现极端情况时，由高频交易提供流动性的质量和对市场运行安全的影响，评估其对市场和其他投资者的影响；建立极端市场情况下的高频交易监管措施，通过"暂停""限流"等措施维护市场的安全、健康运行。

思考题

1. 什么是"闪电崩盘"?
2. 请简要说明"闪电崩盘"的原因。
3. 高频交易做市商有什么权利与义务?
4. 高频交易策略可以分为哪些类型?

参考文献

1. Amihud Y., Mendelson H., Dealership Market: Market-Making with Inventory, *Journal of Financial Economics*, 1980(1): 31-53.

2. Baron M., Brogaard J., Hagströmer B., Risk and Return in High-Frequency Trading, *Journal of Financial and Quantitative Analysis*, 2019(3): 993-1024.

3. Boni L., Brown D. C., Leach J. C., Dark Pool Exclusivity Matters, Working Paper, 2012.

4. Boulatov A., George T. J., Hidden and Displayed Liquidity in Securities Markets with Informed Liquidity Providers, *Review of Financial Studies*, 2013(8): 2096-2137.

5. Brogaard J., Hendershott T., Riordan R., High-Frequency Trading and Price Discovery, *The Review of Financial Studies*, 2014(8): 2267-2306.

6. Biais B., Foucault T., Moinas S., Equilibrium Fast Trading, *Journal of Financial Economics*, 2015(2): 292-313.

7. Brogaard J., Hagströmer B., Nordén L., et al. Trading Fast and Slow: Colocation and Liquidity, *The Review of Financial Studies*, 2015(12): 3407-3443.

8. Brogaard J., Hendershott T., Riordan R., High Frequency Trading and the 2008 Short-sale Ban, *Journal of Financial Economics*, 2017(1): 22-42.

9. Brogaard J, Carrion A, Moyaert T., et al. High Frequency Trading and Extreme Price Movements, *Journal of Financial Economics*, 2018(2): 253-265.

10. Budish E., Cramton P., Shim J., Implementation Details for Frequent Batch Auctions: Slowing Down Markets to the Blink of an Eye, *American Economic Review*, 2014(5): 418-424.

11. Budish E., Cramton P., Shim J., The High-Frequency Trading Arms Race: Frequent Batch Auctions as a Market Design Response, *The Quarterly Journal of*

Economics, 2015(4): 1547-1621.

12. Chakrabarty B., Moulton P. C, Trzcinka C., The Performance of Short-Term Institutional Trades, *Journal of Financial and Quantitative Analysis*, 2017(4): 1403-1428.

13. Chordia T., Roll R., Subrahmanyam A., Liquidity and Market Efficiency, *Journal of Financial Economics*, 2008(2): 249-268.

14. Colliard J., Foucault T., Trading Fees and Efficiency in Limit Order Markets, *The Review of Financial Studies*, 2012(11): 3389-3421.

15. Conrad J., Johnson K. M., Wahal S., Institutional Trading and Alternative Trading Systems, *Journal of Financial Economics*, 2003(1): 99-134.

16. Conrad J., Wahal S., Xiang J., High Frequency Quoting, Trading, and the Efficiency of Prices, *Journal of Financial Economics*, 2015(2): 271-291.

17. Degryse H., Van Achter M., Wuyts G., Dynamic Order Submission Strategies with Competition between a Dealer Market and a Crossing Network, *Journal of Financial Economics*, 2009(3): 319-338.

18. Degryse H., De Jong F., Van Kervel V., The Impact of Dark Trading and Visible Fragmentation on Market Quality, *Review of Finance*, 2015(4): 1587-1622.

19. Demsetz H., The Cost of Transacting, *The Quarterly Journal of Economics*, 1968(1): 33-53.

20. Daniëls T. R., Dönges J., Heinemann F., Crossing Network versus Dealer Market: Unique Equilibrium in the Allocation of Order Flow, *European Economic Review*, 2013(62): 41-57.

21. Du S., Zhu H., What is the Optimal Trading Frequency in Financial Markets?, *The Review of Economic Studies*, 2017(4): 1606-1651.

22. Easley D., O'hara M., Price, Trade Size, and Information in Securities Markets, *Journal of Financial Economics*, 1987(1): 69-90.

23. Eom K. S., Ok J., Park J., Pre-Trade Transparency and Market Quality, *Journal of Financial Markets*, 2007(4): 319-341.

24. Fong K., Madhavan A. P., Swan, Upstairs, Downstairs: Does the Upstairs Market Hurt the Downstairs?, Working Paper, 2004.

25. Foster D. P., Gervais S., Ramaswamy K., The Benefits of Volume-Conditional Order-Crossing, Working Paper, 2007.

26. Foucault T., Menkveld A., Competition for Order Flow and Smart Order Routing Systems, *The Journal of Finance*, 2008(1): 119-158.

27. Garman M. B., Market Microstructure, *Journal of Financial Economics*, 1976 (3): 257-275.

28. Glosten L. R., Milgrom P. R., Bid, Ask and Transaction Prices in a Specialist Market with Heterogeneously Informed Traders, *Journal of Financial Economics*, 1985 (1): 71-100.

29. Gresse C., The Effect of Crossing-Network Trading on Dealer Market's Bid-Ask Spreads, *European Financial Management*, 2006(2): 143-160.

30. Grossman S. J., Miller M. H., Liquidity and Market Structure, *The Journal of Finance*, 1988(3): 617-633.

31. Hagströmer B., Nordén L., The Diversity of High-Frequency Traders, *Journal of Financial Markets*, 2013(4): 741-770.

32. Hendershott T., Mendelson H., Crossing Networks and Dealer Markets: Competition and Performance, *Journal of Finance*, 2000(55): 2071-2115.

33. Hendershott T., Jones C. M., Menkveld A. J., Does Algorithmic Trading Improve liquidity?, *The Journal of Finance*, 2011(1): 1-33.

34. Hendershott T., Moulton P. C., Automation, Speed, and Stock Market Quality: The NYSE's Hybrid, *Journal of Financial Markets*, 2011(4): 568-604.

35. Hoffmann P., A Dynamic Limit Order Market with Fast and Slow Traders, *Journal of Financial Economics*, 2014(1): 156-169.

36. Ho T., Stoll H. R., Optimal Dealer Pricing under Transactions and Return Uncertainty, *Journal of Financial Economics*, 1981 (1): 47-73.

37. Ho T., Stoll H. R., The Dynamics of Dealer Markets under Competition, *The*

Journal of Finance, 1983(4): 1053-1074.

38. Jain P. K., Jain P., McInish T. H., Does High-Frequency Trading Increase Systemic Risk?, *Journal of Financial Markets*, 2016(31): 1-24.

39. Hasbrouck J., Securities Trading: Procedures and Principles Draft Teaching Notes, 2013.

40. Kaniel R., Liu H., So What Orders Do Informed Traders Use?, *The Journal of Business*, 2006(4): 1867-1914.

41. Kirilenko A., Kyle A. S., Samadi M., Tuzun T., The Flash Crash: High-Frequency Trading in an Electronic Market, *The Journal of Finance*, 2017(3): 967-998.

42. Kwan A., McInish T. H., Masulis R., Trading Rules, Competition for Order Flow and Market Fragmentation, *Journal of Financial Economics*, 2015(2): 330-348.

43. Kyle A. S., An Equilibrium Model of Speculation and Hedging, University of Chicago Doctoral Dissertation, 1981.

44. Kyle A. S., A Theory of Futures Market Manipulations, *Industrial Organization of Futures Markets*, D. C. Heath and Company, 1984.

45. Kyle A. S., Market Structure, Information, Futures Markets, and Price formation, International Agricultural Trade Advanced Reading in Price Formation Market Structure & Price Instability, 1984.

46. Kyle A. S., Continuous Auctions and Insider Trading, *Econometrica*, 1985(6): 1315-1335.

47. Kyle A. S., Informed Speculation with Imperfect Competition, *The Review of Economic Studies*, 1989(3): 317-355.

48. Leal S. J., Napoletano M., Market Stability vs. Market Resilience: Regulatory Policies Experiments in an Agent-based Model with Low and High-Frequency Trading, *Journal of Economic Behavior & Organization*, 2019(1): 15-41.

49. Linton O., O'Hara M., Zigrand J. P., The Regulatory Challenge of High Frequency Markets, *High-Frequency Trading*, Risk Books, 2013.

50. Malinova K., Park A., Subsidizing liquidity: The Impact of Make/Take Fees on

Market Quality, *The Journal of Finance*, 2015(2): 509-536.

51. McInish T., Upson J., Wood R. A., The Flash Crash: Trading Aggressiveness, Liquidity Supply, and the Impact of Intermarket Sweep Orders, *The Financial Review*, 2014(3): 481-509.

52. Menkveld A. J., High Frequency Trading and the New Market Makers, *Journal of Financial Markets*, 2013(4): 712-740.

53. Mittal V. A., Ellman L. M., Cannon D., Gene-Environment Interaction and Covariation in Schizophrenia: The Role of Obstetric Complications, *Schizophrenia Bulletin*, 2008(6): 1083-1094.

54. Næs R., Ødegaard B. A., Equity Trading by Institutional Investors, to Cross or Not to Cross?, *Journal of Financial Markets*, 2006(2): 79-99.

55. O'Hara M., Ye M., Is Market Fragmentation Harming Market Quality?, *Journal of Financial Economics*, 2011(3): 459-474.

56. O'Hara M., Yao C., Ye M., What's Not There: Odd Lots and Market Data, *The Journal of Finance*, 2014(5): 2199-2236.

57. O'Hara M., High Frequency Market Microstructure, *Journal of Financial Economics*, 2015(2): 257-270.

58. Pagano M., Röell A., Transparency and Liquidity: A Comparison of Auction and Dealer Markets with Informed Trading, *The Journal of Finance*, 1996(2): 579-611.

59. Roşu I., Liquidity and Information in Order Driven Markets, Working Paper, 2013.

60. Stoll H. R., The Supply of Dealer Services in Securities Markets, *The Journal of Finance*, 1978(4): 1133-1151.

61. Ye M., Price Manipulation, Price Discovery and Transaction Costs in the Crossing Network, NBER Working paper, 2012.

62. Yin X., A Comparison of Centralized and Fragmented Markets with Costly Search, *The Journal of Finance*, 2005(3): 1567-1590.

63. Zhu H., Do Dark Pools Harm Price Discovery?, *The Review of Financial*

Studies, 2014(3): 747-789.

64. 〔美〕乔尔·哈斯布鲁克:《市场微观结构实证》,边江泽译,对外经济贸易大学出版社 2010 年版。

65. 陈一勤:《从 NASDAQ 看中国做市商制度的建立》,载《金融研究》2000 年第 2 期,第 80—84 页。

66. 李路:《境外金融市场结构变革与交易场所竞争格局研究》,上海人民出版社 2015 年版。

67. 刘逖:《市场微观结构与交易机制设计:高级指南》,上海人民出版社 2012 年版。

68. 孙培源、施东晖:《微观结构、流动性与买卖价差:一个基于上海股市的经验研究》,载《世界经济》2002 年第 4 期,第 69—72 页。

69. 吴林祥:《我国证券市场引入做市商制度的思考》,载《证券市场导报》2005 年第 1 期,第 72—77 页。

70. 〔美〕莫林·奥哈拉:《市场的微观结构理论》,杨之曙译,中国人民大学出版社 2007 年版。

后　　记

市场微观结构，与资产定价和公司财务一起，构成了金融学的三大基础方向。然而，市场微观结构因其理论的复杂性较高、研究的实务性较强和数据获取的难度较大，因此，目前在国内高校开设这门课程的学校极少。即便开设，也往往是在硕士研究生层面开设，较少在本科生层面开设。

然而，市场微观结构在实际应用方面正改变着我们的金融市场。在海外市场，交易已经进入纳秒级别的竞争，股票交易中有70％属于高频交易，因此，市场微观结构的重要性与日俱增，正在改变着传统金融学，尤其是资产定价和公司财务的研究范式。随着中国市场与海外市场的接轨，中国期货市场也已进入微妙级别的竞争，这使得中国市场的微观结构与交易机制正在发生天翻地覆的变化。因此，笔者希望能够编著一本面向本科生的市场微观结构教材，使得本科生在初学金融学时就能意识到金融市场的急剧变革。

本教材的内容融合了海外诸多市场微观结构领域学者的研究成果，同时结合笔者在中国金融期货交易所研发部从事市场微观结构研究的工作经验以及在上海外国语大学国际金融贸易学院为硕士研究生和本科生讲授"市场微观结构"课程的讲义资料，力图将理论研究、实务经验和监管选择结合在一起，并以通俗易懂的语言介绍给读者。

本教材受到上海外国语大学教材基金项目和国际金融贸易学院的资助，与汤晓燕博士合作完成，并得到如下同学在资料搜集和翻译方面给予的支持：上海外国语大学国际金融贸易学院硕士研究生买迪努尔、张芯瑜、岑锦祥、姚子杨、徐心悦、宋思聪、薛宇航、陈文波、孙敏、陆星颖,本科生钟翰墨、王辰烨、宋婧雯、刘冉、万瀚锶;上海财经大学会计学院博士研究生贺宇倩、王雪丁。

最后,尤其要感谢笔者的博士后合作导师——中国金融期货交易所副总经理张晓刚先生,正是在先生的指引下,笔者才有机会接触并热爱市场微观结构这一充满挑战和魅力的研究领域,本教材中的绝大部分思想都来自于张先生的指导和启发。由于这是国内迄今为止第一本面向本科生的市场微观结构教材,错误和疏漏在所难免,笔者也会在今后的工作中不断更正与完善。

李　路

2019 年 9 月